D1872374

Michèle Fitoussi **Zum Teufel mit den Superfrauen**

Michèle Fitoussi

Zum Teufel mit den Superfrauen

Die Sucht nach Perfektion

Deutsch von David Eisermann

SV international
Schweizer Verlagshaus AG
Zürich

Die französische Originalausgabe erschien 1988
unter dem Titel »Le Ras-le-Bol des SuperWomen« bei
Calmann-Lévy, Paris

Mitarbeit an der Übersetzung: Tobias Eisermann

Alle Rechte vorbehalten
Nachdruck in jeder Form sowie Wiedergabe
durch Fernsehen, Rundfunk, Film, Bild-
und Tonträger oder Benutzung für Vorträge,
auch auszugsweise, nur mit Genehmigung
des Verlags

© 1987 by Calmann-Lévy
© der deutschsprachigen Ausgabe 1989 by
SV international/Schweizer Verlagshaus AG, Zürich

Schutzumschlag: Heinz von Arx, Zürich
Gesamtherstellung: Ebner Ulm
Printed in Germany

ISBN 3 7263 6581 8

Dem Supermann

Inhalt

Vorwort **Wir werden nie wieder so sein wie früher**

Wir haben gewonnen.

Wenigstens kommt es uns so vor. Die Frauenbewegung und die alten Forderungen des Feminismus sind scheinbar am Ziel, und im Kampf der Geschlechter haben wir das Kriegsbeil begraben. Plakate und Spruchbänder sind im Sperrmüll gelandet. Kate Millett und Betty Friedan (wir sind ihnen ewig dankbar) werden nicht auf dem Scheiterhaufen, sondern friedlich in ihren Betten sterben können. Der Kampf scheint vorüber zu sein. Die »Alten«, zwischen dreißig und Mitte Vierzig, haben begonnen, stolz ihre Errungenschaften zu genießen, während ihre Nachfolgerinnen zwischen zwanzig und dreißig, die nie die starken Zeiten des schwesterlichen Kampfs erlebt haben, sich ohne Skrupel der Beute aus den flammenden Kämpfen ihrer älteren Schwestern bedienen: Pille, Abtreibung, unverheiratet zusammenleben, Koedukation, das Recht auf den LKW-Führerschein und auf einen Fünfzehnstundentag wie die Kerle, die übrigens, wenn ich das mal so sagen darf, bei diesem Tausch die lächelnden Sieger geblieben sind. Weibliche Freiheit, Gleichheit und Brüder(Schwester!)lichkeit wurden auf die Pforten einer

Gesellschaft geschrieben, die der weiblichen Hälfte des Himmels jetzt weit geöffnet worden sind. Vor Beginn der neunziger Jahre scheinen sich die Frauen grundsätzlich verwandelt zu haben: nie wieder Objekt oder Eunuchin, nicht mehr weiblicher Mythos, aber auch nicht mehr so befreit und neu. Ausnahmsweise sind sich mal alle einig: Meinungsforscher genau wie Werbeleute, die mit den Ruhmestaten superstarker Frauen vollgepfropften Frauenzeitschriften und die umständehalber arbeitslosen Feministinnen sowie die Kommentatoren, die befriedigt feststellen, daß sich die Gleichberechtigung angeblich von einer Mode zu einer Lebenseinstellung entwickelt. Generaldirektorinnen und Neue Väter, vereint in guten, nicht mehr schlechten Zeiten, teilen sich die Macht so wie die Einkaufsfahrten in den Supermarkt: die idyllische Vision einer erfolgreichen Verwandlung. Idyllisch, klar. Aber auch falsch.

Denn hinterhältigerweise macht sich eine neue Form stiller Versklavung breit, die letzte Form weiblicher Unterwerfung. Wie ich sie nenne? Die Superfrau, die aktive Frau, die alles kann und keine Fehler macht, ist das mythische neue Vorbild, dem Frauen folgen sollen. Sie ist ein höchst merkwürdiger Zwitter, eine Kreuzung aus einer harten Geschäftsfrau, einer ausgeflippten Mutter und dem scharfen Fotomodell Inés de la Fressange mit einem Schuß Marylin Monroe. So kommt sie auf uns zu, leistungsstark wie ein Computer mit Festplatte, tagsüber legt sie Chanel, abends Lagerfeld auf, die edel lackierten Fingernägel ruhen auf ihrem aktuellen Vorstandsbericht (lies: Plädoyer, Stethoskop oder Geschäftsbilanz), während die andere Hand das klebrige Pfötchen (der Schokoladenkuchen ist selbstgemacht, ganz klar) eines schmollenden Engelchens hält, den kußfest lippenstiftroten Mund drückt sie dem Mann ihres Lebens auf die Lippen, am einen Ohr telefonisch mit dem Supermarkt verbunden, am anderen die Direktleitung Paris–Tokio. Da kommt sie, wie gesagt, energischen Schrittes unterwegs zur Eroberung der Welt. Oder an den Rand des Abgrunds. Denn häufig grenzt das Paradies an die Hölle.

Superfrauen oder Superdeppen?

Wir haben uns kaum Zeit genommen, unsere brandneue Freiheit zu genießen, die an der feministischen Front so hart erkämpft werden mußte, und doch stehen wir schon wieder allein auf weiter Flur. Was haben wir uns alles aufgehalst, wie Atlas mit seiner Weltkugel. Unermüdlich und unersättlich haben wir den Mund doppelt vollgenommen, um all die Zeit nachzuholen, in der es früher für uns »nichts zu tun«, nichts zu erreichen gab. Mit Schwung haben wir uns auf unsere neuen Errungenschaften geworfen, blindlings in die Arbeit, rücklings in den Sex, während wir gleichzeitig mit Sorgfalt das alte Erbe unserer Mütter und Großmütter übernommen haben: gute Mütter, gute Hausfrauen und gute Ehefrauen sein zu wollen. Viel für eine allein. Aber wir haben nicht aufgegeben – wir haben auch noch damit angegeben und uns die Latte höher gelegt: Mode, Kunst, Literatur, Schönheit, Politik und so fort. Wir wollten überall sein und bei allem glänzen.

Wir? Ja, sicher – wir. Alle miteinander sind wir diese Superfrauen, die sich dem Motto unterwerfen, alles mit allem vereinen zu müssen. Wir sind in sämtliche Gebiete ausgeschwärmt. Angefangen bei den Frauen in mühevollen, unterbezahlten Berufen, die zwischen Arbeit, Kindern und Haushalt Slalom laufen müssen, bis zu den Chefinnen, die sich mit den Männern die schwer lukrativen Jagdgründe der Spitzenjobs teilen. Dazwischen die vielen übrigen Frauen, die sich – ohne beinharte Geschäftsfrauen sein zu wollen – ihre Karriere entsprechend erkämpfen müssen und dabei die Einschränkungen eines typisch weiblichen Berufs deutlich zu spüren bekommen. Vor allem sie sind es doch, die dabei auf der Strecke bleiben, Mutantinnen, die nach der Überzeugung leben, nicht nur alles gleichzeitig, sondern alles auch mit Erfolg anpacken zu müssen. Und noch dazu locker. Und zwar nicht nur arbeiten und Mutter sein, sondern den ganzen Rest dazu. Sie – und das sind *wir* – haben so sehr an unsere Unabhängigkeit geglaubt, daß wir nicht gemerkt haben, daß wir dabei aufs Kreuz gelegt worden sind.

Wer hat uns auf dem Gewissen? Wie hier zu lesen sein wird, fehlt es nicht an Verantwortlichen. Denn nachdem wir uns ausreichend geschämt haben, können wir es ruhig ehrlich zugeben: Wir haben uns verladen lassen.

Wir haben uns von den Feministinnen ins Bockshorn jagen lassen, die uns unbedachterweise erst ihre schönen Ideen als Flausen in den Kopf setzten und uns dann auf offener Straße stehenließen.

Wir haben uns von den Neuen Männern und den Neuen Vätern auf den Arm nehmen lassen, die sich nach einer kleinen Proberunde wieder aus dem Staub gemacht haben.

Wir haben uns von der Werbung verkaufen lassen, von den Medien mit ihren schlechten Vorbildern, diesen Kämpferinnen, über die berichtet wurde bis zum Geht-nicht-mehr, und wir haben uns allgemein von einer Gesellschaft aufs Kreuz legen lassen, in der Ehrgeiz mit besonderen Streicheleinheiten belohnt wird. Mitschuldig sind auch unsere Arbeitgeber, Mütter, Kinder und Therapeuten, denn schuld sind alle, die uns Beifall klatschen, während sie uns auf den Abgrund zulaufen sehen.

Aufs Glatteis geführt haben aber auch – und vielleicht besonders – wir uns selbst, die wir so bereitwillig alles mitgemacht haben. Wir haben doch bis zum Umfallen alles mit System betrieben: Perfektionismus, Narzißmus, schneller, weiter, immer mehr und neue Herausforderungen, höhere Einsätze. Auf allen Ebenen wollten wir gewinnen und perfekt werden. Kein Wunder, wenn wir da auf die Dauer ins Japsen gekommen sind.

Und zusammenklappen. Beschämend, aber nicht eben selten. Weil zuviel zuviel ist und weil selbst Tarzan sich verheddert, wenn er zu Hause im Urwald mal wieder nach zu vielen Lianen auf einmal gegriffen hat. Wir haben unsere Persönlichkeit entfaltet, das hatten wir schließlich auch gewollt, aber wir fühlen uns auch erledigt, zerschlissen, platt und bedient. Und natürlich schuldig, wie immer, zuviel oder aber nicht genug getan zu haben, etwas verpaßt zu haben oder nichts auslassen zu wollen.

Bitte anschieben, ich will nicht mehr

Zum Teufel damit, daß immer wir diejenigen sein sollen, die auf zuversichtlich machen. Was soll der Ärger, sich ständig Riesenlasten aufzubürden wie ein Kraftmensch im Zirkus? Wir haben die Nase voll davon, uns immer nur danach zu beurteilen, wie gut wir andere bei Laune halten. Zum Teufel damit, immer so stark sein zu müssen, daß alle Leute sich auf unsere Kosten ausruhen, ständig ein Mordstempo vorzulegen, ohne mal bremsen zu dürfen. Wollen wir die dummen Puten in einem Schwank sein, wo auf unsere Kosten gelacht wird? Wenn wir geglaubt haben, wir hätten unsere Ketten gesprengt, dann sind sie in Wirklichkeit doch nur eine Nummer passender und damit fester gemacht worden. Was soll eigentlich dieser Ärger, daß wir Superfrauen sein sollen, von denen alle etwas haben, nur nicht wir selbst? Wenn unser Glück angeblich so nah ist, daß wir nur danach zu greifen brauchen, sind wir wohl im Eifer des Gefechts daran vorbeigeprescht.

Nein, wir sind natürlich nicht *wirklich* unglücklich, wir haben unseren Kampf schließlich gewonnen, und wir haben heute ein Recht darauf, uns glücklich zu fühlen. Aber haben wir überhaupt Zeit dafür? Ja, ist ja gut – ich höre schon wieder alle schreien, die von ihrer neugewonnenen Freiheit nicht eine Sekunde abgeben würden, um mal so zu leben wie zur Zeit unserer Großmütter. In vielen Dingen ist unser Leben viel leichter geworden, als es noch vor zwanzig Jahren der Fall war. Es gibt keinen Anlaß, uns gleich an die Klagemauer zu werfen. Aber vielleicht gegen ein Mäuerchen. Sicher haben wir heute mehr Privilegien. Unsere Berufe liefern uns eine geistige und moralische Befriedigung, die sich mit nichts vergleichen läßt: Autonomie, Unabhängigkeit, Lebensnotwendiges und Überflüssiges, auf das wir nie mehr verzichten würden.

Aber wenn wir die Anstrengung zum Teufel wünschen, uns ein halbes Dutzend verschiedener Lebensaufgaben gleichzeitig aufzubürden, heißt das nicht, daß wir aufgeben sollen. Eine Sache sollte ganz klar sein: WIR

WERDEN NIE WIEDER SO SEIN WIE FRÜHER. Frei zu leben und zu arbeiten haben wir so nötig wie die Luft zum Atmen. Wer uns das nimmt, der will uns ersticken.

Nein, wir wollen einfach ein bißchen Zeit für uns allein – ohne Anstrengung und ohne Zwang. Wir wollen mal sagen können: »Ich mache nicht mehr mit. Pause – ich will mich mal ausruhen.« Wir wollen nicht länger angestaunt werden, sondern wir wollen runter von dem Podest, auf das wir gestellt worden sind. Kurz und gut: Man soll uns mal in Frieden lassen. Nicht mehr Musterfrauen sein müssen, sondern einfach Menschen wie andere Leute auch, mit unseren Fehlern und unseren Schwächen. Wir wollen uns nicht gleich erniedrigt fühlen müssen, wenn mal etwas schiefgeht, und ohne zu zittern zugeben, daß wir nicht alles können. Wir haben doch eigentlich genug geleistet. Wir wollen uns unseren Ehrgeiz bewahren, aber selbst das Tempo bestimmen, denn es gibt auf der Welt schon genug Leute ohne eigenen Willen. Wir wollen uns lieber Zeit zum Leben nehmen, weil das Leben kurz und keiner von uns vollkommen ist. Auf den folgenden Seiten wird voller Spott, aber auch glasklar mit einer unhaltbaren Situation abgerechnet, die explosiv genug ist, um uns schneller um die Ohren zu fliegen, als wir es vielleicht angenommen hätten. Voller Spott, weil es hier keinen Anlaß gibt zu heulen, allenfalls mit den Zähnen zu knirschen. Und glasklar, weil wir uns nichts mehr vormachen sollten. Sosehr die Männer es bisher auch versäumt haben, einen (ganz gewaltigen) Schlag zuzulegen, sosehr wir auch wieder alles auf einmal anpacken wollen, wir Superfrauen sollten uns zumindest ein paar schöne Tage machen, um mal deutlich unsere Meinung zu sagen.

1. Teil

Superfrauen wie Sie und ich . . .

I Tausende von Superfrauen

»Ich bin so wahnsinnig wie die meisten Frauen heute: Ich will alles auf einmal machen und auch noch mit Erfolg. Nicht nur meine Beziehung soll erfolgreich sein, sondern genauso die Ausbildung meiner Kinder oder meine Karriere. Was mich dabei so erstaunt, ist, daß viele Frauen das alles auch wirklich geregelt kriegen.«

France Gall in der Zeitschrift *Paris Match* (Mai 1987)

Superfrauen gibt es also nicht nur in der Einbildung, es gibt sie hier und jetzt – wir selbst gehören dazu, oder doch beinahe –, jedenfalls geben wir uns Mühe: Helene, 34, Anwältin, zwei Kinder; Susanne, 33, Redakteurin, drei Kinder; Anne, 36, Journalistin, drei Kinder; Barbara, 24, PR-Frau, zwei Kinder; Ruth, 38, Fernsehproduzentin, sieben Kinder, Françoise, 34, Ministerialbeamtin, zwei Kinder. Und so weiter. Jede von ihnen steht ständig unter Strom und muß ihre zwanzig Milliarden Gehirnzellen anstrengen, um jahraus, jahrein turbomäßig auf Hochtouren zu laufen (Wochenenden und Ferien eingeschlossen), weil es gilt, ein halbes Dutzend Aufgaben zu koordinieren, von denen jede für ein Leben reichen würde. Ihr Schicksal tragen sie mit dem gleichen Mut wie ihre getönten Strümpfe mit Strapsen aus schwarzer Spitze, und sie kriegen es ohne mit der Wimper zu zucken fertig, in hohen Absätzen und voller Montur Marmelade einzukochen und dabei den Wirtschaftsteil zu studieren. Sie sollen am besten keine Schwächen haben, makellos in Form wie Raquel Welch und doch so hart im Nehmen wie Kommissar Schimanski, so witzig wie Bette Midler und so pädagogisch wie Maria Montessori, womöglich dazu noch mit einem härteren Aufschlag als Steffi Graf. Wir sind so unersättlich wie Eßsüchtige, wenn es darum geht, alles in unserer Reichweite auszuprobieren: das Leben mit allen seinen Möglichkeiten. Wir lassen nicht locker und wollen alles gleichzeitig. Uns sind feministische Klassiker wie Simone de Beauvoir doch schon in die Wiege gelegt worden, so daß wir von vornherein entschlossen waren, alles Nötige in die Praxis umzusetzen, damit unser Leben ein Erfolg wird. Aber in diesen Wunschträumen sieht es mittlerweile aus wie in einem Katalog der Bausparkasse, wo Leute sich ein Haus anschaffen und trotzdem jede Menge Geld für andere Sachen übrig haben. Jeder Handschlag soll uns gelingen, beruflich wie privat, ob er unserer Entfaltung dient oder unserer Unabhängigkeit, dem Risiko oder der Gemütlichkeit, dem materiellen Erfolg oder dem persönlichen Glück. Halten wir uns diese Anforderungen doch einmal vor Augen: Wir wollen einen Job, wo Einfallsreichtum und Einsatz gefordert sind (und die beknackten Arbeitszeiten, die so ein Job mit sich bringt), einen Mann, der nicht nur schwer in uns verliebt ist, sondern genial genug, uns ständig und sehr niveauvoll zu unterhalten, und nie eine Spur von Langeweile verbreitet, dazu möglichst Kinder, wunderbar und aufgeweckt (besonders um ein Uhr morgens, wenn der Rest der Welt ans Schlafen denkt). Wir wollen elegant den Haushalt schmeißen (mal schnell das Wohnzimmer umdekorieren oder alle mit diesem tollen Rezept für Flugente mit Äpfeln verblüffen), dabei tadellos aussehen (in den alten Jeans genauso wie im knallengen Rock) und ein kulturell aufgeladenes Leben führen, Wim Wenders genauso zu schätzen wissen wie

Doris Dörrie, Margarete Mitscherlich und Miami Vice gleichzeitig gut finden, das Stones-Konzert im Fußballstadion so selbstverständlich mitnehmen wie die Frankfurter Buchmesse. Abgehungert wie eine Ballettänzerin sollen wir Kuchen und Rotwein durch Gymnastik ersetzen und die gedünsteten Möhrchen mit Mineralwasser ohne Kohlensäure runterspülen. Das dürfte es so ungefähr sein, was wir Superfrauen bringen sollen, das und am besten noch viel mehr. Wir sind Frauen, die unter Druck stehen, und zwar in jeder Bedeutung des Wortes:

Unser tägliches Wettrennen gegen die Uhr läßt die Formel-1-Piloten und ihre Brumm-Brumm-Autos stark untermotorisiert aussehen. Wir sind mittlerweile Profis darin, uns selbst zu überholen, und wenn wir beim täglichen Hochsprung ab und zu die Latte reißen, dann, weil wir sie uns zu hoch aufgelegt haben. Wir jagen doch einem Traumbild nach, das wir uns zwar selbst gebastelt haben, dem wir aber kaum gerecht werden können, und wenn es uns gelingt, zahlen wir dafür einen happigen Preis ...

Die sportlich-klassische Superfrau in Familienausführung lebt – verheiratet oder nicht – mit einem Mann zusammen, hat eigene Kinder (gut möglich, daß am Wochenende noch die aus der ersten Ehe des Gatten dazukommen). Daneben gibt es Frauen, die geschieden, verwitwet oder mit Vorsatz solo sind und ihre Bambini allein versorgen müssen, weil die Väter sich entweder aus dem Staub gemacht haben (»Auf die Alimente kannst du lange warten«) oder entschieden zu lästig geworden sind (»Ich will mich als Mann emanzipieren«), und die neben ihrem schwer kontrollierbaren Alltag auch noch Gefahren wie Aids und andere ansteckende Krankheiten zu umschiffen wissen, um sich ab und zu einen netten Kerl zu angeln. Diese Frauen verdienen auf der nach oben offenen Superfrauen-Skala die höchsten Noten. Drittens gibt es die Superfrauen ohne Kinder, und die Zeit, die sie auf diese Weise »gewonnen« haben, nützen sie, um sich neben ihrem Job entsprechend tausend andere Aktivitäten aufzuhalsen: Wenn sie sich nicht politisch oder in sozialen Projekten engagieren, sind sie mit dem Garten, ihren Tieren oder verschiedenen Geliebten voll beschäftigt.

Wir müssen uns aufteilen

Zeitaufteilung ist unser Schlüsselbegriff, der Betonklotz, mit dem wir zeitlebens jonglieren, wenn wir von einer Rolle in die andere schlüpfen mit der Meisterschaft einer Verwandlungskünstlerin. Mal sollen wir die Mutti sein und mal die Hure, hier die Chefin herauskehren und dort das unterwürfige Mäuschen sein, einmal ist Bildung angesagt, dann reicht es wieder, adrett und doof zu sein. Als Superfrauen haben wir alles auf einmal und doch jedesmal jemand anderes zu sein. Und wir essen unseren Teller leer: ein Löffel für Vati, ein Löffel für die Oma und einer für unseren Chef. Wir lassen bestimmt nichts übrig. Wir feiern nicht den Weiblichkeitsmythos, sondern weiblichen Masochismus: Wir lassen uns zerteilen wie die Jungfrau in der alten Zirkusnummer, wo der Zauberer seine Assistentin in der Kiste mit der Säge bearbeitet. Für uns ist das ganze Leben ein Drahtseilakt in Permanenz.

Wir leisten so viel wie ein Roboter mit zehn Gelenkarmen, in dessen Computergehirn allerdings hin und wieder das Programm abstürzt. Wie sollte es anders sein, wenn wir nicht nur ein Leben, sondern so viele verschiedene Leben zu führen haben, daß sie anfangen, sich zu überlagern? Während wir noch bei den Kollegen in der Konferenz sitzen, gehen wir in Gedanken schon die Einkaufsliste durch, und in den Regalschluchten im Supermarkt formulieren wir unser nächstes Grundsatzreferat. Zwischen zwei Terminen wird zu Hause angerufen, um sicherzustellen, daß Ruth nicht mehr hustet und Alexander an seiner Arbeit schreibt, statt sich diese Schwachsinnsendung auf dem Kabelkanal anzuschauen: So was geht von selbst, darüber denken wir überhaupt nicht mehr nach.

Ob Yuppie oder altlinks: Wir haben nur noch ein Ziel

Vergnügen ist das Ergebnis einer Formel aus Lebensgenuß (feine englische Marmelade) plus Effizienz (vom Telefon aus erledigen, wozu wir sonst Stunden unterwegs sind). Ohne diese magische Formel läuft für die Superfrau nichts mehr – sie wendet sie in allen Bereichen des Alltags an. Lebensgenuß findet im Zeitraffer statt, ein Lifestyle, wie ihn heute eine ganze Schicht junger Frauen und Männer miteinander teilt: ob sie nun Mitte Zwanzig sind und *Yuppies* genannt werden (junge Börsenmakler oder Anwältinnen), ob sie noch *Achtundsechziger* sind, Exrevolutionäre, die als Mittvierziger auf dem langen Marsch durch die Einkommensschichten ans Ziel gelangt sind, oder ob sie – zwischen beiden Altersgruppen – der *Me Generation* aus den siebziger Jahren angehören, den

Kindern des Babybooms, die an sich selbst zuerst denken.

Welche Laufbahn, welche Kämpfe sie auch immer hinter sich haben mag, ob militante Feministin, einfach altlinks oder eine junge Frau aus der Oberschicht, die vom Teufel des beruflichen Ehrgeizes geritten wird, die Superfrau will heute vor allem für sich etwas erreichen. Sie fordert nicht mehr Gleichberechtigung, sie will Selbstverwirklichung. In der Politik ist sie nicht einfach rechts oder links oder in der Mitte – sie ist überall. Egal, ob sie Chirac oder Mitterrand toll findet, kennt sie sich soweit aus, um im richtigen Moment die Frage zu stellen, die den Dingen auf den Grund geht, statt sich mit Fraktionszwängen aufzuhalten. Wenn bei einem Abendessen die Pressereferentin eines liberalen Ministers auf eine Sozialistin mit Elitediplom trifft, werden sie nicht versuchen, in fünf Minuten den Gang der Weltgeschichte und ihre gegenseitigen Überzeugungen zu verändern, sondern sie werden zu einem gepflegten Miteinander finden. Früher oder später werden sie sich an diesem Abend sympathisch finden und dazu übergehen, die wirklichen Probleme der Gesellschaft zu erörtern. Probleme, die in politischen Programmen so schnell ihre Lösung zu finden scheinen, die aber im Alltag uns Superfrauen ganz schön zu schaffen machen: Kinderkrippen, Kosten für Babysitter und Kindermädchen oder die Logistik der Fahrten zum Supermarkt. Kurzum, sie werden sich darüber unterhalten, wieviel Management dazu gehört, damit der Alltag wie geschmiert läuft und nicht aus den Schienen springt. Eine leitende Angestellte, der das Mädchen ausfällt, während ihre Kleinkinder die Windpocken bekommen und der Neue Vater unabkömmlich an einem Kongreß teilnimmt, büßt schnell achtzig Prozent ihres Marktwerts ein.

Tolle Kerle, die sich rar machen

Und welche Rolle spielen hier die Männer? Sie halten sich bedeckt. In den besten Fällen »helfen« sie uns ein wenig, während wir uns um die grundlegenden Dinge zu kümmern haben: an die Kinder, an das Essen oder an die Putzfrau zu denken, als ob uns dafür ein Talent von Natur aus angeboren wäre. Bei ihnen – man mag sagen, was man will – scheint dieses Erbteil wesentlich schwächer entwikkelt zu sein. Bestenfalls rufen sie so gegen acht Uhr abends an und schlagen vor, auf dem Rückweg vom Büro irgendwo noch Brot zu besorgen. Das finden sie dann dermaßen heldenhaft, daß wir sie dafür noch bewundern sollen. Schlimmstenfalls laufen sie aber zu Hause nach zehnstündiger Abwesenheit ein und tun so, als wäre überhaupt nichts gewesen. Zwischen ihren verschiedenen Lebensbereichen haben sie die Schotten runtergelassen, ein für allemal: Den ganzen Tag über wird gearbeitet, zwanzig Minuten am Abend oder an den Wochenenden markieren sie den Papa, und den Liebhaber kehren sie immer dann heraus, wenn wir vor Müdigkeit wie erschlagen daliegen. Wenn ihnen der Alltag zuviel praktische Detailarbeit abverlangt, ziehen sie sich ganz auf die Rolle des Pantoffelpapis zurück. Wir dagegen sollen unseren verschiedenen Rollen nicht nur ständig, sondern auch noch gleichzeitig gerecht werden, ohne eins vom anderen trennen zu können. Dann kommt es manchmal zu Tagen, an denen sich die Stücke in unserem Alltagspuzzle nur noch schwer ineinanderzufügen scheinen, vor allen Dingen in unserem Beruf (wo doch die Arbeit zum sinnstiftenden Element in unserem Leben geworden ist). Um unsere doppelten, dreifachen, sogar vierfachen Leben zu realisieren, greifen wir an unserer Arbeitsstelle dann zu so schamlosen Lügen, als begingen wir viermal in der Woche Ehebruch.

II Schein oder nicht sein

Jung und schön und voll in Form

Wie werden wir zu Superfrauen? Ein Kinderspiel: Wir brauchen nur zwei Bedingungen zu erfüllen:

1. *Gesundheit.* Die Frau soll zart sein wie ein Pfirsich, knusprig, knackig, voll überschäumender Energie und mitreißendem Schwung. Sie kommt mit vier Stunden Schlaf pro Nacht aus, um sich wieder aufzuladen, und darf nie niedergeschlagen sein, keine Selbstzweifel zeigen und sich nie hängen lassen. Selbst wenn sie mal – nur ganz kurz – deprimiert ist, versichert sie gleich, daß alles schon wieder besser wird. Schließlich ist sie nicht nur für das Schicksal des Unternehmens verantwortlich, sondern auch für die gesamte Familie und diverse Anhängsel. Wenn sie wirklich mal die Grippe (oder akut keine Lust mehr) hat, legt sie sich auch ins Bett – aber nur widerwillig. Das ist dann so etwas wie das Streikrecht – ein Sicherheitsventil, wenn die Flut der berechtigten Forderungen alles zum Überlaufen bringt.

2. *Jugend* – oder was ihr ähnlich sieht. Gibt es für Superfrauen überhaupt ein Alterslimit? Ja und nein. Ganz allgemein sind Superfrauen so zwischen zwanzig und fünfzig. Wenn sie sich immer noch um ihre lieben Kleinen kümmern müssen, dürfen sie auch ein wenig älter sein, denn heute verschränken sich die Gegensätze: Am Kindergarten warten manche Mütter, die selbst noch Nachwuchs erwarten und doch schon Enkel haben. Nicht wenige Frauen haben neben eigenen Säuglingen bereits die ihrer Töchter zu versorgen. Superfrauen können auch jünger als 20 sein, wenn sie mit achtzehn Jahren schon ihre eigene Fabrik für Bademoden auf die Beine gestellt haben. Aber das, was Superfrauen super macht, hat nichts mit dem Alter zu tun. Sie müssen es mit zwanzig wie mit fünfzig verstehen, durch ihre anhaltende Jugendlichkeit zu beeindrucken. Sie müssen ständig jünger (und jünger) ausschauen, selbst (und vor allem) wenn ihr Alter bekannt ist. »Hast du Anne gesehen? Super – mit fünfzig ist sie so ein Feger, daß sie als die Schwester ihrer Enkelin durchgehen könnte.« So eine Bemerkung wirkt auf jeden Fall besser als das Gegenteil: »Sie sagt, sie sei dreißig, aber sie hat in ihrer Jugend schon meinen Vater anzumachen versucht.«

Die scharfen Neuen Großmütter

Es kann also überhaupt nicht die Rede davon sein, hier die älteren Superfrauen auszuschließen. Als Turbo-Großmütter oder graue Pantherkatzen treten sie ebenfalls das Gaspedal voll durch. Die Neuen Großmütter sind tausend Milliarden Lichtjahre entfernt von den guten alten Omis von früher, die noch honigsüß und runzlig wie ein Kaminapfel waren.

Nebenbei gesagt müssen wir an dieser Stelle der Oma von früher mal deutlich Respekt zollen: Sie war ständig erreichbar, wenn es etwas zu stricken gab oder wenn jemand am 31. Dezember auf das Baby aufpassen sollte, ganz zu schweigen von ihrem Einsatz als Notärztin, wenn die Kinder Mumps bekommen hatten. Wo es diese gute Fee heute noch gibt, spielt sie im Leben mancher Superfrau die Rolle einer tragenden Säule. Leider ist diese Spezies aber im Verschwinden begriffen: Diese Großmütter vom alten Holz waren nach neun Kindern oft besser in Form als eine Jungverheiratete heute und hatten noch überschüssige Kräfte, um einen Haufen Enkel und Urenkel aufziehen zu helfen. Wenn wir uns an solche Frauen erinnern, wird das immer mit Sehnsucht verbunden sein: nach ihrer Stachelbeerkonfitüre und nach Raufereien mit Cousins in ihrem Garten, nach dem unnachahmlichen Geschmack ihres Schweinebratens mit Sauerkraut und nach ihrer Zärtlichkeit, mit der sie so großzügig zu sein verstanden wie mit der Schokolade (wenn es nachmittags etwas Süßes gab), oder nach ihren Gutenachtgeschichten, die sie uns vor dem Zubettgehen erzählten. Genaugenommen finden sich diese Großmütter nur noch in Büchern oder in der Fernsehwerbung für Kaffee.

Ein sicherer Hinweis auf das Verschwinden der Großmütter alten Typs ist mancherorts das »Fest der Großmütter«, eine blasse Kopie des hinlänglich bekannten Muttertags. Kleine Schlaumeier haben sogar Agenturen (oder eigentlich Reservate) geschaffen, um die seltenen Exemplare zu schützen, die noch auf freier Wildbahn verbleiben, und um sie denjenigen, welchen eine Großmutter fehlt, gegen eine Mietgebühr zur Verfügung zu stellen. Diese greisen Söldnerinnen bieten als Mietgroßmütter (unter Markenzeichen wie dem der »guten Glucke«) ihr Herz und ihre endlose Geduld Dutzenden verwaister Enkelchen, deren wahre Großmütter selbst berufstätig sind. Bei diesen wiederum handelt es sich weniger um würdelose alte Damen als um vibrierende Sechzigerinnen, die noch an der Hochschule unterrichten oder ihr eigenes Unternehmen leiten, sich bei Kenzo einkleiden und ihren Kleinwagen wie ein Formel-1-Pilot zu fahren verstehen, während sie immer noch das Johannisbeergelee wie keine andere hinbekommen. Der Titel einer »Superomi« fiele ihnen in den Schoß, wenn sie sich darum bewerben würden. Aber sie stehen dafür gar nicht mehr zur Verfügung: Nachdem ihre eigenen Kinder einmal groß und aus dem Haus waren (wenn sie denn freiwillig den Abflug gemacht haben), nehmen sie sich endlich einmal Zeit für sich selbst und genießen es, ihrem eigenen, freundlichen Egoismus zu frönen. Sie sind gewiß ganz verrückt nach ihren Enkeln und finden sie anbetungswürdig (nur mögen sie es nicht, wenn wir ihnen nachsagen, sie würden die Enkel verwöhnen). Doch sie haben nur zu ganz bestimmten Stunden Zeit. Und die passen uns oft nicht so gut. Ihre Freiheit fängt da an, wo unsere aufhört. »Nein, Mittwoch kann ich nicht auf Julien aufpassen, da habe ich ein Seminar.« Oder: »Entschuldige, meine Liebe, aber Jessicas Geburtstag fällt genauf meinen Bridge-Tag.« Zu ihrer Entlastung sollten wir anerkennen, daß – sobald sie sich erst einmal entschieden haben, sich mit ihren lieben Schätzchen zu beschäftigen – sie das dann auch mit Hingabe erledigen. Wir können immerhin sagen: Die Qualität übertrifft hier bei weitem die Quantität.

Im Grunde sind unsere Mütter also schuld, daß wir immer weniger Kinder bekommen. Sie haben skrupellos von ihren Müttern profitieren können, genau jenen Großmüttern, die für uns noch Kuchen gebacken haben und ständig abrufbereit waren. Wir haben jetzt niemanden mehr, auf den wir uns stützen könnten. An dem Tag, an dem wir einmal sagen können: »Meine Mutter paßt auf die Kinder auf« (und Mutter mitmacht), sehen unsere Freundinnen uns neidvoll an, als besäßen wir die Gans, die goldene Eier legt. Aber welche Superfrau hätte denn die Stirn, den ersten Stein zu werfen – auf die Frau, der sie zu verdanken hat, heute zu sein, wie sie ist?

Die Schönste im ganzen Land

Solange wir also noch nicht selbst zu den Großmüttern gehören, haben wir einige Jahre Spielraum, um uns verstärkt damit zu beschäftigen, Superfrauen zu sein. Soll heißen: jung und schön zu sein. Denn ohne das geht es heute nicht mehr. Um diesen leider nur vorübergehenden Zustand der Frische möglichst lange zu bewahren, sind alle Mittel recht. Das hat weniger mit übertriebener Selbstliebe zu tun als damit, daß der Weg zum Erfolg, wie er heute angesagt ist, über den Look führt, unser Aussehen und unsere Erscheinung.

Vorbei sind die Zeiten, wo Akne kein Hinderungsgrund war für eine Streberin, sich zu einer verbitterten und altmodischen Vorgesetzten hochzuarbeiten, oder eine Mathematiklehrerin vom 1. Januar bis 31. Dezember ständig in ein und demselben unförmigen Rock herumlaufen konnte oder eine bescheidene Volkswirtin sich bloß hinter einer dreifach verstärkten Brille zu verstecken brauchte. So was ist bereits seit längerem gründlich abgesagt. Nicht nur Frau Thatcher, selbst Frankreichs struppige Umweltministerin Huguette Bouchardeau hat irgendwann begonnen, sich zu frisieren, und Rita Süßmuth soll sich auch schon ganz hübsch anziehen. Vollkommen out sind hängende Locken, schlechte Haut, Haare unter den Achseln, abgefressene Fingernägel und Kilos, die wir unter dem Vorwand ansammeln, wir könnten schließlich nicht alles geregelt bekommen. Hier gibt es mittlerweile überhaupt kein Vertun mehr, nicht mal, wenn wir müde sind oder uns einfach nur einen Tag hängenlassen wollen. Denn genau an dem Tag, an dem es zu nichts mehr als der alten Wollweste und den vergammelten Jeans gereicht hat, kommt es garantiert zur wichtigsten Zufallsbegegnung des Jahres.

Die Superfrau braucht ein frisches Gesicht, gepflegte Hände, ein leichtes, verjüngendes Make-up, das mit ein paar Handgriffen hinzukriegen ist, eine Figur wie ein Mannequin (vor allem im Sommer) und immer gutfrisiertes Haar, vorzugsweise kurz geschnitten (obwohl Knoten, Zöpfe und Geflochtenes ein sehr merkwürdiges Comeback in den Männerphantasien feiern, in denen solche spießigen Gebilde dann wieder wüst zerwühlt werden dürften).

Gutes Aussehen

Der erste und sicher nicht der unwichtigste Schritt dazu gilt unserer Kleidung. In den Vereinigten Staaten finden sich zwei Sorten von Superfrauen, die etwas auf sich halten. *Yuppies* arbeiten in gehobener Position an der Börse, in großen Konzernen oder Rechtsanwaltbüros. *Trendies* sind die Kreativen, die in der Werbung, im Journalismus oder in der Modebranche arbeiten – allerdings nicht in der Politik. Yuppies trimmen sich konservativ und elegant im strengen Kostüm von Chanel oder allenfalls im kleinen Seidenkleid, das einen hübschen Po macht. Viele kostümieren sich sogar mit Krawatte und Oxfordhemd samt Kragenknöpfen, bis nur noch ihr Rock (korrekt, keinesfalls Mini) vage ihr Geschlecht erkennen läßt. Trendies ziehen die Mode und die Phantasie vor, da ihre Jobs das nicht nur zulassen, sondern fordern.

Bei uns in Frankreich sind diese Gegensätze nicht so plakativ ausgeprägt, schließlich haben wir die Eleganz erfunden, soll heißen: Karriere oder nicht, für uns zählt vor allem femininer Stil. Selbst die entschlossensten Yuppies folgen von ferne den Modetrends, und die Freiheit der Trendies unterliegt einem subtilen Anpassungsdruck, der die mutigeren und ausgefalleneren Frauen zu Außenseiterinnen stempelt. Jeans gehen natürlich, müssen aber unten eng und oben weit sein und sich knöpfen lassen. Sportschuhe sind für den Sommer okay, müssen aber die richtige Farbe haben. Eine mögliche Alternative sind schwarze Leinenschuhe zu dreißig Franc, die wir aber mit einem Paar Boxer-Shorts von »Comme des garçons« kombinieren, das hundertmal soviel gekostet hat. Angesagt ist auch der Daunenanorak Marke Skilehrer, unter dem wir bei minus 15 Grad ein kleines Kostüm tragen. Kurzum, während wir uns lebenslustig und spontan geben, halten wir uns an genaue Regeln. Die Superfrau muß vor allem eines wissen: wie sie richtig dosiert. Das gute Aussehen muß auf den entsprechenden Auftritt eingestellt werden. Für eine Preisverleihung kreuzen wir nicht in derselben Montur auf wie zu einer Baustellenbesichtigung, zu einem Nachmittag im Park, einem Einkaufsbummel oder einem Abend in der Oper. Jede gute Superfrau muß es fertigbringen, ohne lange darüber nachzudenken, von der Designer-Boutique in die Benetton-Filiale zu wechseln, den schmerzlosen Übergang von Gaultier in die DOB-Abteilung von C&A oder von Jil Sander zum Second-hand-Laden zu finden. Alles nur eine Frage der Mittel und der Gelegenheit. Wir dürfen nicht zum *fashion victim* werden (so übermodisch sein, daß die angestrebte Wirkung sich selbst erschlägt) und auch nicht umkippen in eine vermeintlich klassische Eleganz, bei der wir am Ende nur langweilig aussehen.

Ergebnis unserer Einkäufe: ganz prima, wenn wir den Bogen raus haben, völlig daneben, wenn wir übertreiben. Für die Arbeit hübsch, aber nicht zu sexy, sind wir am Abend ein Star, aber ja nicht zu leuchtend, und geben uns am Wochenende entspannt, aber bloß nicht zu vernachlässigt – mit anderen Worten: Wir sollten locker frisiert, aber nicht derangiert aussehen, ausgelassen, ohne uns zu produzieren, zum Anbeißen, ohne uns gleich schnappen zu lassen.

Das alles – wozu ohnehin fast ein Staatsexamen nötig wäre – soll auch noch auf die Schnelle erledigt werden, hopp, in einem Rutsch. Das Klischee des Ewigweiblichen erweist sich hier als sehr zählebig – bringen wir denn diese Dinge von Natur aus mit, werden wir denn schon mit der Fähigkeit geboren, Pastelltöne, Jersey, Flanell und dazu ein hübsches Accessoire zu kombinieren? Gibt es nicht wenigstens ein Recht auf Irrtum? Praktisch nicht. Aber welche von uns hätte nicht schon einmal nahezu den Verstand verloren, weil ein Paar Schuhe entschieden zu golden aussahen oder ein Mantel sich als zu lila herausstellte?

Wir müssen genauso schick und raffiniert aussehen wie jene reichen Nichtstuerinnen, die uns in Saint-Germain-des-Prés über den Weg laufen (stets zu zweit) und die ihre Tage damit ausfüllen können, passend zu ihrer neuen Rykiel-Kombi Eidechsschuhe von Maud Frisson zu suchen. Sie können es sich leisten, über jede Nuance Stunden nachzudenken (einfach, weil sie davon Tonnen zur Verfügung haben).

Wir haben dagegen keine Zeit zu verlieren. Plop! Ich parke in der zweiten Reihe und besorge mir in fünf Sekunden das schöne Paar Schuhe, das zu allem paßt, und zack! zwischen zwei Terminen schaffe ich mir das schicke, feminine Kostüm an, das seriös aussieht und trotzdem Witz hat, um mir rumms! kurz vor dem Abendessen noch mit einem Wimpernzucken den edelgrauen Seiden-BH und diesen koketten Schlüpfer zu gönnen, mir zum Vergnügen, weil bei einer berufstätigen Frau eben jede Stunde abgezählt ist.

Samstags einzukaufen kommt überhaupt nicht in die Tüte. Erstens sind dann tausend andere Sachen zu tun (siehe mein Kapitel über die Wochenenden). Zweitens geraten diese Kleidereinkäufe mit Kinderwagen in Begleitung kleiner (und größerer) Ungeheuer regelmäßig zum Alptraum. Selbst und vor allen Dingen, wenn uns unser angetrauter Brummler begleitet, dessen Anwesenheit das Zwecklose (auf die Kinder aufpassen zu wollen) mit dem Unangenehmen verbindet (*seine* Meinung abgeben zu dem, was *ich* mir anschaffe).

Jeden Samstag bietet meine Lieblingsboutique dasselbe Bild, wenn dort Ehemänner und feste Freunde ihre lachhafte Vorstellung geben. Die einzige Kabine zum Anprobieren ist voller als die Metro abends um sechs, und ab und zu entkommen daraus ein oder zwei Kundinnen ins Freie, um sich draußen zu bewundern. Die Männer, in der Hand *Le Monde* oder *Libération*, werfen vage Blicke auf den Nachwuchs, der unterdessen mit Kleiderbügeln Zorro spielt. Sie tun so, als warteten sie hier darauf, bis ihre Frauen auch noch das letzte Teil im Sortiment anprobiert hätten. Von Zeit zu Zeit heben sie flüchtig den Kopf, um mit Kennermiene ein Paar Beine, das im Minirock vorbeigeht, oder einen Knallpo in hauchdünner Strumpfhose zu begutachten. So schauen sie allen Frauen nach – außer ihrer eigenen. Wie können sie überhaupt begreifen, daß wir uns so anstrengen, die Schönsten zu sein, wenn sie sich selbst nur zweimal im Jahr einkleiden, im Ausverkauf, und noch dazu auf uns zurückgreifen, wenn es um die Verbesserung von Details geht? Denn wir sind es doch, die nicht nur unsere Kinder einkleiden, sondern auch unseren Männern Krawatten und Socken aussuchen, ihnen noch die Unterwäsche kaufen und sie bei jedem Kleidungsstück beraten (deprimierendes Resultat: Häufig sehen sie dann eleganter aus als wir selbst). Können sie nicht einmal davon Notiz nehmen (von wegen!), wie wir uns allein für Hautcremes verausgaben? Für ein Tiegelchen Feuchtigkeitscreme gehen fünfzig Moppen über den Ladentisch, doch stärken wir damit vor allem die eigene Kampfmoral, wenn die ersten Falten nicht mehr aufhören, ständig neue Ableger zu bilden. Ganz zu schweigen vom Friseur (unsere zweite Mutter!), Pediküre, Maniküre und Enthaarungen jeder Art. Sicher sind das Nebensächlichkeiten, doch wir kommen nicht um sie herum. Denn wir zerreißen uns ja für eine gute Sache. Wir sollen schließlich prächtig aussehen (und die Kerle gefälligst auch). Und es gelingt uns auch (fast). Aber um welchen Preis (der dazu noch ständig neu entrichtet werden muß)!

Unlauterer Wettbewerb

Jede Frau, die etwas auf sich hält, verbringt mit derlei Problemchen gut die Hälfte ihres Lebens. Dabei bekommen wir auch noch Konkurrenz, die uns einem schamlos unlauteren Wettbewerb aussetzt. Gemeint sind jene armen Hausfrauen, die nun nichts anderes (als *das*) zu tun haben, um ihre vielen Stunden totzuschlagen. Wir begegnen ihnen häufig auf Einladungen, mit strahlendem Blick, die Haare tadellos, der volle Mund zartrot glänzend, mit ihrem frischen Teint, im modischen Rock, dazu ein Pullover, der genau paßt.

Wir armen Dummerchen sind dagegen abends um halb acht im strömenden Regen nach einem harten Tag aufgelöst von der Arbeit zurückgekehrt, haben die Kinder umarmt, ihnen das Märchen vorgelesen, bei dem es unmöglich ist, auch nur ein Wort zu überspringen (denn wenn sie auch noch nicht lesen können, kennen sie es doch schon auswendig), wir haben das Mädchen zum Babysitten abgepaßt und ihr eine Liste geschrieben (»Wenn das Haus brennt, rufen Sie die Feuerwehr«, »Wenn Daniel hustet, steht der Sirup auf der Anrichte«), und dann hatten wir – nach der Uhr – noch genau zehn Minuten, um uns im Badezimmer wie Clark Kent in der Telefonzelle in die Femme fatale zu verwandeln, während da ein Kerl sitzt, sich die Abendnachrichten ansieht, spöttisch grinst und sich fragt, ohne es uns zu sagen, warum wir immer so spät dran sind.

»Wenn er mir nachher noch einmal erzählt, wie strahlend schön Marie-Laurence heute abend aussah, und wenn er mir noch einmal sagt, daß *ihre* Flugente mit Äpfeln wirklich auch nicht schlecht sei, dann bringe ich ihn um und lasse mich anschließend von ihm scheiden. Die hat ja offenbar den ganzen Tag nichts anderes zu tun.«

Die andere, nicht weniger ermüdende Variante sieht so aus: »Findest du nicht auch, daß Marie-Laurence abgenommen hat? Verrückt, aber es steht ihr besser.« Das ist ein schwerwiegender Fauxpas, für den er genaugenommen standrechtlich erschossen werden sollte. Den wunden Punkt jeder Frau, ob Superfrau oder nicht, stellen zweifelsfrei jene zarten Fettpolster dar, die auf die entscheidenden Stellen ihrer Figur verteilt sind. Vor allen Dingen im Winter darf in unserer Anwesenheit niemand das Wort vom Abnehmen auch nur stumm mit den Lippen formen, geschweige denn flüstern. Eigentlich hätten wir jeden Grund der Welt, auf das Abnehmen zu verzichten, schließlich verausgaben wir uns bereits zu anderen Gelegenheiten: von der braven Gymnastik (zu der wir so wenig Lust haben, daß wir wie zu Schulzeiten jedes zweite Mal schwänzen) wollen wir gar nicht erst reden, denn da gibt es noch das lächelnde Aerobic, das entspannte Stretching, Tanz, Fahrradfahren, Tennis, Yoga, Dauerlauf und natürlich Krafttraining.

Puuh! Kurz und gut, all diese berüchtigten Übungen, die wir uns lächelnd selbst auferlegen, um verfeinerte Rundungen, schmalere Schenkel und flachere Bäuche zu bekommen (Bäuche, wie sie von der Natur wahrscheinlich nie vorgesehen waren), um unsere Körper besser zur Geltung zu bringen, wo heute darum doch so ein Kult gemacht wird.

Raten Sie mal, wer die Umfragen gewinnt, wenn eine Superfrau mit mürben Pobacken am Strand gegen eine kleine Maus antritt, die zwar nicht besonders lesen und schreiben kann, aber Brüste besitzt, die von alleine stehen? Wenn Sie jetzt auf die gestandene Superfrau getippt haben, dann zurück auf Feld eins und noch mal würfeln.

III Managerinnen

> »Größtenteils ist es die Berufsarbeit, durch die die Frau gegenüber dem Mann aufgeholt hat; der Beruf allein garantiert ihr die Freiheit.«
>
> Simone de Beauvoir: *Das andere Geschlecht*, 1949

Die Managerin bringt den vollen Einsatz, und das Büro ist die Rennbahn, wo sie von neun bis neunzehn Uhr schuftet. Die Managerinnen sind jene Superfrauen, die auf einem Gebiet antreten, wo ihre Fähigkeiten wie hundert Blumen blühen können: die gehobene Karriere. Unter zehn Millionen Frauen in Frankreich, die beruflich aktiv sind, sind es die Managerinnen, die wirklich Schwein gehabt haben. Für leitende Angestellte bedeutet die Arbeit weder Pflicht noch unterbezahlte Mühe, sondern sie ist über den Punkt der Emanzipation hinaus Teil ihrer selbst geworden.

Sie arbeiten als Anwältin oder Ärztin für Geburtshilfe, als Politikwissenschaftlerin oder Physikerin, Fernsehredakteurin oder Installateurin, Polizistin oder Winzerin, sie steuern LKWs genauso gut wie Raumfahrzeuge. Jedesmal ein kleiner Schritt für uns, aber ein großer Schritt für die Menschheit. Alles hat sich vermischt: Männer machen den Job von Hebammen und Frauen den von Froschmännern, Selfmademen und Staatsmännern. Im Berufsleben ist es in Zukunft wie unter den Engeln: Das Geschlecht spielt keine Rolle mehr. Alle verbarrikadierten Wege haben wir betreten, alle verschlossenen Türen haben wir eingedrückt (fast; die in der Politik sind mit den schwersten Vorhängeschlössern verriegelt). Jahre um Jahre riesenhafter Anstrengungen haben uns zuerst gezeigt, daß wir genauso viel können wie Männer, dann, daß wir mehr können als Männer, und zum Schluß, daß wir überhaupt mehr können, ohne nach einer anderen Wertskala greifen zu müssen als unserer eigenen. Es ist wahr, daß wir weniger Schlüsselposten besetzt halten als die Männer, aber wir haben ja auch erst vor knapp zwei Jahrzehnten damit begonnen. Unser Weg hat sich schon auf diesem kurzen Stück für uns beträchtlich gelohnt.

Hausfrauen im Beruf

Dafür haben wir uns schlagen müssen wie die Champions: Zuerst wollten wir zeigen, wer wir waren und wozu wir fähig waren, und haben uns dann hart in die Riemen legen müssen, um den Punkt zu halten, zu dem wir uns unter heroischen Anstrengungen vorgekämpft hatten. Doch es geht weiter, denn unser Kampf ist noch lange nicht vorüber. »Wir haben fast zwei Jahrhunderte gebraucht«, schreibt Elisabeth Badinter in ihrem Buch »Ich bin Du«, »um unsere Väter und Ehemänner davon zu überzeugen, daß wir Menschen sind wie andere auch.«

Menschen wie die Männer? Je höher die Position im Stellenplan eines Unternehmens, desto eher scheint man bereit, uns das zuzugestehen. Das Trauerspiel dabei ist nur, daß wir schließlich Frauen geblieben sind, und genau da sitzt der Denkfehler: Denn wie hoch die Stellung auch sein mag, die wir übernehmen, wir müssen dabei lernen, unsere Weiblichkeit zu verbergen, wir sind im Gegenteil sogar gezwungen, dieses »Handicap« durch unverhältnismäßig große Anstrengungen noch zu überwinden.

Um Erfolg zu haben, mußten wir doppelt soviel arbeiten wie die Männer, uns ohne Rücksicht auf Verluste verausgaben. Trotz aller Hindernisse haben wir aber unser Ziel erreicht. Wir haben nicht nur den Höhenrausch gekostet, wir sind sogar auf den Geschmack gekommen, und wir könnten uns sogar daran gewöhnen, hielte sich nicht in einer Ecke unseres Kopfs der Verdacht, daß wir dabei jemandem ins Netz gegangen sind.

Betty Friedan, die hartgesottene feministische Autorin von »Der Weiblichkeitswahn« (ein Buch, das mittlerweile zwanzig Jahre alt ist), stellt heute in ihrem neuen Buch *The Second Stage* (Die zweite Stufe) fest: »Sie – und das sind wir – wollen den beruflichen Erfolg unter Bedingungen erreichen, die von Männern aufgestellt wurden, die sich selbst wiederum aller Kleinarbeit des täglichen Lebens durch ihre Ehefrauen zu entledigen wissen.« Wir Superfrauen haben nicht soviel Glück gehabt, und was wir im Grunde bräuchten, wäre eine Ehefrau. Denn diese zweite Stufe ist just das, was wir gerade erleben. Auf der einen Seite sind wir stolz auf unseren Erfolg, auf der anderen haben wir mit den spezifischen Zwängen zu jonglieren, in die wir durch ihn geraten sind. Das bedeutet: Wir sollen hier den General spielen und dort die Köchin, sollen Abteilungsleiterin und Haushälterin zugleich sein. Nach dem wilden Enthusiasmus der ersten Jahre unserer Unabhängigkeit sind wir kopfüber in eine Art doppelter Falle gestürzt, wenn mir diese Formulierung erlaubt sei: Wir sind voll berufstätige Frauen geworden, die doch immer noch Hausfrauen sind (denn selbst wenn wir insgesamt nicht mehr die Mehrzahl dieser Frondienste selbst zu erledigen haben, sind es immer noch wir, die für die Überwachung zuständig sind). Wir lassen uns das alles aufladen, ohne zu klagen.

Wir umarmen den Beruf

Auf der Arbeit sind wir pflegeleicht. Seit wir überhaupt zur Arbeit gehen, haben wir die Ärmel hochgekrempelt und geschuftet. Wir haben uns sofort dem vorherrschenden und das heißt männlichen Modell unterworfen. Mit Vergnügen haben wir uns auf vollkommen ausgebuchte Terminkalender eingelassen, auf die Konferenzen, die für nichts als ein Ja oder ein Nein abgehalten werden und die prinzipiell dann anfangen, wenn wir Feierabend hätten, und wir hatten nichts dagegen, am Wochenende und häufig bis in die Nacht hinein Berichte zu schreiben.

Wir schlagen uns mit den Kreativen in der Agentur genauso bereitwillig herum, wie wir eine Abteilung von dreißig Beamten oder ein Zweigwerk mit tausend Arbeitern führen: Effizient und stur haben wir an unserer Aufgabe so lange festgehalten, bis wir die Besten waren. Erst so und nur so konnten wir mit vollem Recht, aber ganz sachte unseren Platz an der Sonne einnehmen. Sicher ging das nicht von selbst. »Sie« haben alles versucht, um uns zu verhindern: Sie haben uns ohne Unterlaß daran erinnert, daß wir eigentlich zu Hause am Herd stehen sollten, daß wir wie die Gastarbeiter ehrlichen Männern nur die Arbeit wegnehmen würden und im übrigen Schlampen seien und schlechte Mütter. Sie haben uns nichts erspart: Knüppel zwischen die Beine (»Nein, nicht

Madame Durand als Chefin der Rechtsabteilung, auf diesem Posten hatten wir noch nie eine Frau«), schiere Böswilligkeit (»Ich stelle keine Frauen ein, die sind sowieso die ganze Zeit nicht da«), Schikanen (»Sie haben Betriebswirtschaft studiert? Schön – aber können Sie auch tippen?«). In diese Feuertaufe haben wir uns kopfüber hineingestürzt.

Nachdem wir einmal dort angelangt waren, haben wir alle Schwierigkeiten in Kauf genommen: die »netten Bananenschalen« (»Die Akte Dubois? Ein völliges Durcheinander, aber Sie werden schon damit fertig«), väterliche Herablassung (»Mein Kleines, das ist viel zu schwierig für Sie. Ich hätte Ihnen diesen Bericht nie anvertrauen dürfen«), das im Arbeitsvertrag eingeschlossene Recht, uns zu betatschen (»Über Ihre Beförderung sollten wir uns heute abend mal bei einem Drink unterhalten«), die primäre Frauenfeindlichkeit (»Ich lasse mir von keiner Frau sagen, was ich machen muß«) und die sekundäre und noch schlimmere Frauenfeindlichkeit (»Ich bin ja weiß Gott kein Frauenfeind, aber Sie müssen zugeben, daß es gewisse Sachen gibt, die Frauen niemals schaffen werden«). Wir sind nicht zurückgewichen und haben unseren jüngeren Schwestern den Weg gezeigt, die sich dann durch Breschen stürzen konnten, die wir erst geschlagen hatten.

Nach und nach hat sich unterdessen die Lage beruhigt, oder doch fast: Man hat uns akzeptiert, schließlich blieb den Männern keine andere Wahl, und wir haben heute Grund zum Stolz. Wir sind genauso kreativ und autoritär wie Männer und gestalten unsere Beziehungen zu unseren Mitarbeitern nicht weniger hierarchisch als zu unseren Mitarbeiterinnen (»Monsieur Dupont, Sie sind doch so gut und machen mir ein Käffchen, ja?«). Ritterlich: »Wenn ich mir das herausnehmen darf, mein bester Eric: Das, was Sie hier geschrieben haben, ist wirklich Scheiße.« Oder rivalisierend: »Diesem Lucien Durand werde ich das Fell über die Ohren ziehen!« Das Gesetz des Dschungels und seine besonderen Klauseln haben wir perfekt internalisiert. Je nach Bedarf sind wir Schlangen oder Tigerinnen und wissen genau, wie wir uns vor unseren Gegnern dumm stellen oder sie schinden und ihnen den Hals durchschneiden: So was ist eben menschlich. Wie Frösche im Terrarium quaken wir zehn Stunden täglich mit den anderen und lieben uns, um uns gleich anschließend auf die Schwimmhäute zu treten, wenn wir einen besseren Platz suchen.

Die Arbeitswelt ist schließlich nicht auf Rosen gebettet, und wer hier überleben will, muß mit dem Messer umgehen können. Doch wir verstehen es nicht nur, hier zu überleben – wir blühen hier sogar auf.

Arbeitswütig, arbeitssüchtig

Gestehen wir es uns ruhig ein. Es hat lange gedauert, aber jetzt haben wir Erfolg und werden ihn weiter haben. Wir sind immer noch verblüfft von unseren neuen Spielzeugen, selbst wenn wir schon ein wenig Zeit hatten, uns an sie zu gewöhnen. Wir sind ganz fasziniert von der Macht und dem, was sie mit sich bringt: Das große Büro mit eigener Schreibkraft, das Telefon mit Direktwahl und die Geschäftsessen in den guten Restaurants (was für ein Hochgenuß für uns, daß wir jetzt selbst die Rechnung verlangen und kraft Scheckbuch in die Spendierhosen der

Machos steigen können). Notfalls macht uns der Reifenwechsel an unserem schweren Dienstwagen keine Probleme mehr, ansonsten genießen wir das Privileg, uns bedienen zu lassen oder eben mal blitzschnell zu verreisen.

Wir nehmen das Flugzeug wie sonst die U-Bahn, um tagsüber in Mailand zu verhandeln und noch mit der Linienmaschine am gleichen Abend zurückzukehren, während wir mitten im Flug auf unserem tragbaren Personal-Computer, um Zeit zu sparen, den Bericht schreiben, den wir schon am nächsten Morgen in aller Herrgottsfrühe vortragen wollen. Dieses superaktive Leben fühlt sich so intensiv an, als wären wir in einen Werbespot für Deos geraten: Fluchterlebnisse, wie sie uns kein sogenannter eskapistischer Roman besser vermitteln könnte.

Die kleine Frau im Wartesaal, die an ihrer »Elle« oder ihrem »Spiegel« (wir kaufen beide) vorbeispäht, ob der schöne Italiener wohl denselben Airbus nimmt – das sind wir. Ein bißchen tun wir nur so, und ein wenig meinen wir es ernst, obwohl wir uns dabei leicht selbst bluffen, aber immer mit (erster!) Klasse.

Mit der Macht sind wir auch an Geld gekommen und finden die Knete durchaus interessant. Wenn es uns auch nicht in der Hauptsache ums Geld geht, wobei zu bemerken wäre, daß wir immer noch nicht genauso viel verdienen wie Männer, fiele es uns doch schwer, darauf wieder zu verzichten (auf dem Arbeitsmarkt kennen wir unseren Wert bis auf die letzte Stelle hinter dem Komma und verhandeln – wie Männer – mit dem, der am meisten bietet). Es ist wunderbar, daß unser Verdienst längst kein zusätzliches Einkommen mehr bedeutet, sondern ausreicht, um unsere zahlreichen Bedürfnisse zu stillen. Hier geht es nicht mehr um Taschengeld, um sich mal Zigaretten oder ein Paar Strumpfhosen zu besorgen (der Satz »Süßer, hast du mal einen Hunderter?« oder Tausender oder zehn Tausender, ganz nach den Mitteln des fraglichen Süßen, ist eigentlich aus unserem Vokabular verschwunden). Unser Geld reicht längst für die Miete, den Wagen, Reisen und die Ausbildung unserer Kinder, ohne daß wir darüber zu sehr ins Rudern kämen. Wir wissen mittlerweile, daß wir die Tür hinter uns zuschlagen könnten, ohne (zu sehr) befürchten zu müssen, uns auf der Straße wiederzufinden. Seitdem wir das wissen, fühlen wir uns auf eine Weise stark, die wir so bald nicht wieder verlieren werden.

Noch aufregender ist für uns ein anderes Gefühl – zu gewinnen: einen Vertrag an Land zu ziehen, ein Geschäft unter Dach und Fach zu bringen, unsere Fähigkeiten bis an ihre Grenzen in Anspruch zu nehmen, sei es für eine erfolgreiche Untersuchung, ein wirksames Plädoyer, die Lieferung von einer Milliarde Gummibärchen nach Saudi-Arabien, eine Firma für Hundemode oder eine Kette japanischer Delikatessengeschäfte aufzubauen – wir brauchen so was, um uns gut zu fühlen.

Der langen Rede kurzer Sinn: Wir lieben das Gefühl zu arbeiten. Wir lieben unsere schlaflosen Nächte, in denen wir den Haushalt der Schuhfabrik ins Lot bringen, genau wie die unbezahlten Überstunden, um den brandeiligen Bericht abzuschließen, und wir lieben alle drohenden Termine, für die wir uns abrackern, bis wir auf den Felgen fahren – die (gesunde?) Erschöpfung, den Druck dauernder Angstzustände (»Ein kleines Valium kann nicht schaden«) und die wiederkehrenden Alpträume (»Ich soll bei der Gehaltserhöhung übergangen werden«).

Doch der Apfel ist vergiftet, selbst wenn oder gerade weil wir uns an die Überdosis schon gefährlich gewöhnt haben. *Workaholics* nennen die Amerikaner Arbeitswütige unserer Sorte, die süchtig nach Arbeit geworden sind und die Sechzigstundenwoche schon so nötig brauchen wie der Fixer die Droge. Ohne die Exportabteilung der Gummifabrik, die Zahnarztpraxis, die uns fertigmacht, oder das übergeschnappte Spannungsklima in der Werbeagentur können wir dann nicht mehr leben.

Arbeitslos: Gibt es ein Leben danach?

Wenn uns der Job genommen wird, klappen wir zusammen. Täuschen wir uns nicht – eine Superfrau, die ihre Stelle verloren hat, ist wie ein Hörnchen Eis ohne Hörnchen, wie ein lascher Kuß, wie ein Smoking, bei dem die Fliege vergessen wurde. Sie genügt sich selbst nicht mehr, ist arm dran und ganz übel drauf. Keiner kann uns noch mit den alten Sprüchen trösten, jetzt hätten wir endlich Zeit für zu Hause, könnten Konfitüren anrühren oder Kuchen backen, unsere Rückkehr käme doch der Familie zugute, und überhaupt könnten wir jetzt schnell noch ein Kind ansetzen, um nicht die Hände in den Schoß zu legen. Wer so was erzählt, glaubt auch an den Weihnachtsmann.

Was uns erwartet, ist das glatte Gegenteil. Ist die Freude darüber, daß wir ein paarmal länger ausschlafen konnten, erst einmal verflogen, lastet der gewohnte Druck im Nu wieder auf unseren Nerven. Es gibt ein einziges Mittel, um diesen Zustand zu kurieren: den Beruf. Wer die Superfrau zur Untätigkeit zwingt, erlebt sie schlecht gelaunt. Sie schimpft ihre Kinder aus (wäre sie nett zu ihnen, kämen sie nur auf die Idee, wie schön es wäre, ihre Mutter immer zu Hause zu haben), und statt sich um die tägliche Routine zu kümmern wie zu der Zeit, als sie noch gearbeitet hat, läßt sie die Zügel schleifen, lehnt sie Küche und Haushalt aus reinem Widerspruchsgeist mehr ab als zuvor und schaut melancholisch in ihr Notizbuch, welches noch letzte Woche wahnsinnig ausgebucht war. Vergebliche Versuche, ihre schwerbeschäftigten Freundinnen telefonisch zu erreichen, verstärken ihre Depressionen. Sollte es ihr wie durch ein Wunder gelingen, einer von ihnen eine Verabredung zum Essen abzujagen (in einem sehr schicken Restaurant, auf die Spesen ihrer Freundin), dann wird sie schon die Suppe mit verzerrtem Lächeln löffeln. Vom Entrée (Carpaccio vom Lachs) an spielt sie nurmehr die Zuhörerin für ihre jammernde Freundin: »Ich kann nicht mehr, ich arbeite einfach zuviel« (ungefähr so zartfühlend, als ob sie einer Alkoholikerin auf Entzug verpassen würde: Du, ich habe von diesem dauernden Champagner ja so die Schnauze voll!). Zum Hauptgericht (Langusten *aux trois herbes*) folgen die klugen Ratschläge: »Weißt du schon, was du jetzt machen willst? Schreibst du jetzt endlich *dein* Buch? Bei der Abfindung, die du bekommen hast, kannst du doch jetzt deine eigene Firma aufmachen!«

Spätestens beim Nachtisch ist die Superfrau soweit, sich selbst sorgfältig mit Süßigkeiten zugrunde zu richten, während ihre Freundin – davon ganz begeistert – mit einer Tasse Kräutertee ohne Zucker zufrieden ist und ihr optimistisches Fazit zum besten gibt:

»Schau doch mal, was du für ein Glück hast – mehrere Monate Ruhe, für die du auch noch bezahlt wirst! Mach dir doch mal klar, was für einen Gewinn du daraus ziehen kannst, das ist doch ein Traum! So, jetzt muß ich mich aber wirklich beeilen. Ich muß schließlich noch arbeiten.«

Ein Traum? Doch wohl nicht in Wirklichkeit, wo wir uns zu Hause nur aufreiben. Im trauten Heim sterben wir vor Langeweile. Wir wollen nie wieder Nur-Hausfrauen sein, denn dafür ist es einfach zu spät. Der Beruf ist unser Leben geworden oder doch ein großer Teil davon, genau wie für die Männer. Wer ihnen den Vorschlag macht, den Aktenkoffer gegen die Hausschuhe zu tauschen, wird nur Gelächter ernten – schließlich hat sich der »Vaterschaftsurlaub« als ziemlicher Flop erwiesen.

Selbst wenn wir nur vorläufig zum Dasein einer Nur-Hausfrau zurückkehren, macht es uns schon verrückt. Als wir niedergeschlagen waren, haben wir vorher vielleicht ab und zu einmal daran gedacht. Aber doch nicht im Ernst: alles aufzugeben, um eine Materfamilias zu werden, ein Schneewittchen mit sieben Kindern als Ersatzzwergen? Oder wie eines dieser Jet-set-Blondchen unser Leben damit zuzubringen, Nachmittage mit Milliardären am Pool zu verplaudern? Solche Ideen können unsere überarbeiteten Gehirne nur sehr beiläufig gestreift haben (genaugenommen müssen sogar Jet-set-Mädchen schwer arbeiten, bevor sie sich so sanft treiben lassen können).

Was tun Männer eigentlich die ganze Zeit?

Depressionen? Doch, die kennen wir, aber was ist es eigentlich, was uns so runterzieht? Die Arbeit allein kann nicht dafür verantwortlich sein, daß wir uns manchmal so ausgehöhlt fühlen. Wir verfügen doch über genug Stehvermögen, um im Beruf notfalls das Drei- oder Vierfache zu leisten, ohne zusammenzubrechen. Nein, es sind scheinbare Nebensächlichkeiten, über die wir so stolpern können, daß wir flach auf der Nase liegen. Diese Kleinigkeiten häufen sich bisweilen so lange an, bis sie uns die ganze Sicht nehmen. Denn die sogenannten Nebensächlichkeiten sind nichts anderes als der ganze verfluchte Kleinkram, um den *wir* uns kümmern müssen (und zwar so nebenbei), weil sonst kein Aas dazu bereit ist. Um beruflich voranzukommen, sollen wir uns nach den Maßstäben von Männern richten, die selbst alle eine Ehefrau haben, die ihnen »Nebensächliches« abnimmt (obendrein sind diese Ehefrauen meist wir selbst, weil wir mit Männern verheiratet sind, die Karriere machen ... ein ziemlicher Teufelskreis!). Die Zahlen sprechen Bände: Hat die Superfrau ein Kind zu versorgen, arbeitet sie 70 Stunden pro Woche, bei drei Kindern kommt sie auf 72 Stunden, und ab fünf Kindern liegt die Stundenzahl noch ein wenig höher (und so fort), während die Superväter es verstehen, sich hier im Nu aus der Affäre zu ziehen.

Für Männer ist das Leben einfach. Warum sollen sie es sich schwermachen und sich mit Kleinkram abgeben, der sie nichts angeht? Kaum sind sie morgens aus dem Haus, löschen sie alles Überflüssige aus ihrem Gedächtnis: ob Frau oder Kinder, Gott, die Geliebte, ihre Eltern oder Freunde. Sie verwaisen plötzlich wie Robinson auf seiner Insel und umgeben sich mit lauter Freitags, um nur noch Charles Dupont, Personalchef, zu sein – oder Marcel Martin, stellvertretender Direktor im Gummizweigwerk, oder Henri Durand, unser Rechtsberater. Zwischen ihnen und der weiteren Außenwelt sind nun alle Verbindungen unterbrochen.

Selbst das Telefon, auf dessen Benutzung sie sich sonst so weitschweifig verstehen, bleibt merkwürdig stumm, wenn es darum geht, unsere Nummer zu wählen. Eigentlich rufen sie uns überhaupt nie an, es sei denn, es brennt. Falls wir sie anrufen, um zu erfahren, was es bei ihnen Neues gibt (ja, das kommt durchaus vor, und wir brauchen uns dafür auch nicht zu schämen), geraten wir regelmäßig an einen Typ, der plötzlich so wenig Zeit hat, daß er nur hastig und undeutlich murmeln kann: »Du, entschuldige, aber ich habe einen wichtigen Termin.« Wir haben dann oft Mühe zu glauben, daß es sich hier um denselben Mann handelt, den wir vor drei Stunden noch nackt unter der Dusche gesehen haben.

Ihr Beruf ist den Männern eine zweite Haut, die sie sich schon im Morgengrauen überstreifen und von der sie sich auch abends, nach zehn strapaziösen Stunden, nur widerwillig trennen. Häufig fragen wir uns, wenn wir sie so in ihrer frischrasierten Cheflaune erleben, felsenfest und erhaben, ob solche Manager oder Arbeitgeber überhaupt schlafen, mit ihren Kindern schmusen, ihren Frauen sagen, daß sie sie lieben, oder es auch wirklich tun? Bisweilen haben wir den Eindruck, sie seien ein Menschenschlag, den man im Labor erzeugt hat und der außerhalb des Büros gar nicht mehr lebensfähig ist. Denn was draußen vorgeht, ist ihnen schnuppe, und das geht so weit, daß sie einen ganzen Tag lang abblocken können, was sich bei ihnen zu Hause abspielen mag. Fragen wir die Kollegen ganz lieb, wie es ihrem jüngsten Kind geht, genieren sie sich und sagen albern, als sei das hier gar kein Thema: »Es wächst.«

Wenn wir sie abends zwischen Job und Heiabettchen treffen, leisten sie häufig auch noch stummen Widerstand: Von ihren Problemen mit Agenturchef Lambert erfahren wir nur in Bruchstücken einer Unterhaltung, sofern sie sich überhaupt darüber unterhalten wollen, und so klug wir es auch anstellen können, uns mit ihnen über das Geplänkel mit Lambert oder allgemein über das miese Büro oder zur Abwechslung mal über uns beide zu unterhalten, haben wir am Ende nur zwei Möglichkeiten – wir können Selbstgespräche führen oder es gleich bleiben lassen. Da wir diese Alternativen unausstehlich finden, suchen wir den Dialog um jeden Preis. Wir können dabei so in Fahrt kommen (oder in eine dermaßen niedergeschlagene Stimmung geraten), daß wir uns selbst einmal *alles* von der Selle reden möchten, genau das, wozu Männer so selten imstande sind. Doch unsere Geschichten sind sie meist sehr schnell satt, wo sie doch so sehr mit ihren eigenen Problemen beschäftigt sind.

Unserer Berufstätigkeit stehen sie zwiespältig gegenüber. Sie sind schon stolz darauf, glückliche Gefährten eines Antiheimchens zu sein, das sich bei Einladungen als sehr vorzeigbar erweist. Sie treiben uns auch an und ermutigen uns beruflich, um sich noch besser brüsten und gratulieren zu können: »Meine Frau ist super!« In seltenen Fällen führt das so weit, daß sie sich für uns opfern wollen (so was soll schon vorgekommen sein): einen Posten als Kulturattaché in Peking abzulehnen, »weil meine Frau in die Politik geht«, ist ein Verhalten neuen Typs, dem wir durchaus applaudieren können. Trotz alledem sind sie uns überhaupt nicht böse, daß wir abends schon da sind, wenn sie nach Hause kommen, und sie sind gar nicht so unzufrieden, wenn wir mal eine Weile keinen Job haben und uns auf diese Weise (glauben sie) verstärkt um sie und die Kinder kümmern können.

Im übrigen sind sie keineswegs davon hingerissen, wenn wir mal für zwei Tage weg müssen (oder für fünf Tage oder für zehn), zu einem Kongreß an die Loire, zu einer Messe nach Italien oder für eine Reportage nach Thailand, und sie »ganz allein« auf das Haus aufpassen sollen. Sie vergessen ganz einfach, wie oft *sie* abwesend sind (lokker zehn Tage im Monat).

Die besseren unter den Männern sind meist noch die jüngeren vom Schlag der Neuen Väter, »heroische Pioniere« (wie sie sich selbst sehen), die uns nach Feierabend über den Weg laufen, in der einen Hand noch die Aktenmappe, in der anderen ein Paket Windeln, während sie den verlorenen Blick eines armen Teufels zur Schau tragen, der vom Alltag zu sehr gebeutelt wurde. Sie rufen ab und zu auch mal ihre Frauen an, um ihnen zu sagen, daß »alles in Ordnung« sei, oder um den Kindern mitzuteilen, daß aus der Verabredung heute abend nichts wird, und in Augenblicken größter Nähe kramen sie – in der Kantine, bei der Kaffeepause – Fotos von ihrem Alex oder ihrer Juliette hervor (um sie vorzugsweise uns, ihren weiblichen Kollegen, zu zeigen).

Unter diesen Männern sind es die, die sich dabei am meisten hervortun, die besonders Braven, die dann wieder den ganz typischen Gedächtnisschwund erleiden und nicht nur ihr Privatleben vergessen, sondern nicht mehr mitbekommen, daß ihre Kolleginnen eben Frauen sind, daß ihre Geschäftspartnerinnen Frauen sind, daß ihre Chefinnen Frauen sind – Frauen wie andere Frauen (unter anderem ihre eigene) auch.

Wenn Männer auch bereit sind, uns nach männlichen Maßstäben (was für eine Ehre) als wandelnde Karriereabsichten zu sehen, sollen doch immer noch unsere Beine »hübsch« aussehen. Kein Weg führt daran vorbei – wir sind nicht geschlechtslos, ganz im Gegenteil, und das wissen sie auch. Sex ist unser Leben, das gilt für den Beruf genau wie anderswo. In jedem Laden gibt es einen Abteilungsleiter, der versucht, die Telefonistin anzubaggern, einen triebstarken Art Director, der versucht, die Layouterin zu besteigen, oder eine Anwältin, die mit ihrem Referendar flirtet. Aber gerade das letzte Beispiel verrät schlechtes Augenmaß. Denn Superfrauen, die vorankommen wollen, versuchen nicht, mit dem Hintern statt mit dem Kopf Karriere zu machen. Sobald der Ernstfall eintritt und sich das Abenteuer nicht mehr vermeiden läßt, kennen sie sich soweit aus, um nicht unter ihr Niveau zu gehen – das Ziel ihrer Aufmerksamkeit sollte ebenbürtig oder ranghöher sein. Es macht uns weniger aus, als Karrieristin zu gelten, weil wir uns eine Affäre mit dem Vorstandsvorsitzenden leisten, als für eine Nymphomanin gehalten zu werden, weil es uns die blauen Augen des Büroboten angetan haben.

Um diese Sorte von Problemen einmal auf den Punkt zu bringen: Es muß im Eigeninteresse jeder berufstätigen Frau liegen, sich hier eine »sachliche« Einstellung zuzulegen. Wenn wir sexy sind, ohne zu aufreizend zu wirken, liegen wir genau richtig. Um dies zu erreichen, sollten wir wissen, wie wir die Zutaten dosieren: Geben wir uns zu dezent und abgeklärt, können wir gleich in den Vorruhestand treten, und wer sich als Barbie-Puppe aufzäumt, ist schnell unten durch. Wir haben gewonnen, wenn wir ein wenig von beidem haben, aufgelockert durch einen Schuß Humor und Charme. In der Arbeitswelt herrscht schließlich der Kampf bis aufs Messer – hier sind alle Waffen zugelassen, auch und gerade die unfairsten. Als Superfrauen sollten wir nicht nur unsere Grenzen kennen, wir sollten auch mit ihnen umzugehen wissen. Wir dürfen uns niemals aufs Kreuz legen lassen, sollten aber stets das (fast) unerreichbare Ziel männlicher Träume bleiben.

Vom Sex im Büro einmal abgesehen, sehen die Männer am Arbeitsplatz in uns weniger Frauen, Mädchen oder Mütter, sondern unsere Funktion und unseren Beruf, so sehr haben wir ihnen zeigen wollen, wie glänzend und zu welchen Höchstleistungen wir fähig sind. Wer von ihnen wäre in der Lage, sich vorzustellen, wie seine Chefin mit einem Schwämmchen oder Catherine Deneuve mit ihrer Entzündungscreme hantiert, wie die bekannte Nachrichtenredakteurin mit vollgeschissenen Windeln umgeht oder Margaret Thatcher sich die Barthaare entfernt? Nein, hundertmal nein – genauso wenig, wie wir uns selbst diese Frauen vorstellen können, wie sie zwischen zwei Terminen aus dem Supermarkt kommen mit Einkaufstaschen, aus denen die Zutaten fürs Abendessen quellen. Wir haben oft genug Mühe, unseren Augen zu trauen, wenn wir uns selbst dabei zuschauen. Obendrein sind wir gehalten, unser Privatleben morgens an der Garderobe abzulegen. Aber das Gegenteil ist natürlich unvermeidlich – ganz besonders, wenn wir ein Kind kriegen.

IV Mütter und Managerinnen

»Aus den Statistiken, mit denen wir Tag für Tag überhäuft werden, ersehen wir, daß die am stärksten belasteten Individuen junge Frauen zwischen 25 und 35 sind, die ganztägig berufstätig sind und zwei Kinder haben.«

Laurence Pernoud: *Il ne fait pas bon être mère par les temps qui courent* (Schlechte Zeiten für Mütter), 1981.

Wir kriegen die Kinder

Für ein streichelweiches Baby sind alle leicht zu begeistern. Vor allem Männer finden Babys allerliebst und zum Knuddeln – ausgenommen unsere eigenen. Dennoch trompeten sie es in allen Tonlagen herum und plakatieren: »Kriegt Kinder! Für die Zukunft, damit die Renten sicher sind und wir nicht aussterben!« Es gibt keinen Zweifel: In Westeuropa will man, daß die Geburtenzahlen steigen, aber man meint es nicht ehrlich. Denn bei der Arbeit stellt ein Baby für unsere werten Kollegen und Geschäftspartner vor allem eine Quelle der Belästigung dar. Das einzige, was Kinder und Beruf gemeinsam zu haben scheinen – sie machen Sorgen. Trotzdem gibt es mehr als sechzig Prozent unter uns Frauen, die auf dem Drahtseil zwischen Aktenkoffer und Windelhöschen balancieren.

Solange wir kinderlos und ohne feste Bindungen sind, sind wir für die Männer wie geschaffen, um uns für sie zu verrenken und ihnen Frondienste zu leisten. Allzeit bereit halten wir den Blick starr auf unsere Karriere gerichtet und geben uns jederzeit her, um den Notarzt zu spielen und uns an einen überfälligen Bericht zu setzen, ohne auch nur das Gesicht zu verziehen. Mit einem gezwungenen Lächeln erklären wir uns einverstanden, daß »jemand« die Japaner abholen muß, die noch am selben Abend um 23 Uhr auf dem Flughafen ankommen, und wir sind es auch, die einspringen, wenn plötzlich eine Reportage über das Erdbeben in Mittelamerika fällig ist: »Die Maschine hebt in einer Stunde ab, und Sie werden drinsitzen!« Sobald wir aber Kinder bekommen, fangen die Dinge an, unübersichtlicher zu werden. Mittelamerika wird erledigt, aber gebt uns fünf Minuten, um uns zu sortieren!

Der Entschluß, das erste Kind zu kriegen, während die volle Berufstätigkeit uns im Griff hat, hat schon etwas Selbstmörderisches. Aber es gibt eigentlich nie einen richtigen Moment dafür. Entweder haben wir zuviel am Hals, um einmal auszusetzen, oder wir haben nicht genug Geld – oder beides. Selbst wenn *wir* die *Arbeit* im Griff haben, gilt es immer noch, einen guten Vater zu finden, der uns vielleicht nicht das ganze Leben zur Seite steht, aber lange genug, bis die Kinder für sich selbst sorgen können. Wenn wir alles geregelt haben, einschließlich Karriere und Papa, kann es immer noch passieren, daß nichts passiert. Es mag in der Natur der Sache liegen, daß uns ein Leben ohne Kind (oder doch vielen unter uns) unerträglich erscheint, denn es wird da immer zu einem bestimmten Augenblick ein Gefühl des vagen Bedauerns, einen Stich geben, selbst für die, die sich wütend wehren, Mütter zu werden. Von Leihmüttern bis zu Babys aus dem Reagenzglas, von Operationen bis zu Adoptionen, um der Bambini willen sind wir zu allem bereit.

Wie sagen wir es unserem Vorgesetzten?

Sobald unsere Schwangerschaft einmal feststeht, steht uns gleich ein kompliziertes Kapitel bevor, zwar nur die erste Klippe, sicher aber eine der steilsten – wir müssen unseren Arbeitgeber informieren (heute ist es grundsätzlich er, der es als letzter erfährt). In den Vereinigten Staaten, wo der Mutterschutz zwanzig Jahre hinter dem europäischen Niveau zurück ist, gibt es einen Bestseller für berufstätige Frauen unter dem Titel »Ich kriege mein Baby im Büro«, für den der Verlag wirbt: »Der härteste Augenblick Ihrer Schwangerschaft kommt, wenn Sie es ihrem Boß sagen müssen.«

In den meisten europäischen Ländern ist am gesetzlichen Mutterschaftsurlaub für Arbeitnehmerinnen längst nicht mehr zu rütteln, und doch werden Sie bei Ihrem Chef bizarre und feindselige Reaktionen erleben. Selbst wenn er nicht gerade losmotzt, wird er kaum soviel Herz beweisen und den Sekt herausholen (das sind immer noch die Kolleginnen, die so was besorgen).

Für einen Arbeitgeber wird ein Baby stets und vor allem eins bedeuten – daß hier jemand fünf Monate nicht arbeiten kann. Während Sie etwas bekommen, geht er leer aus. Ihre Sorgen lassen ihn dementsprechend kalt, und wenn er trotzdem fair bleibt und Ihnen mit einem schmalen Lächeln alles Gute wünscht, dann halten Sie die Partie noch lange nicht für gewonnen. Es wird einen Augenblick geben, wo sie mit ihm aneinandergeraten, denn von seinem egoistischen Standpunkt aus bedeutet das Kinderkriegen vor allem Ärger (wenn Sie obendrein selbst der Chef sind – als Anwältin, Ärztin oder Architektin –, kann es gut sein, daß Sie bis – oder fast bis – zum letzten Tag arbeiten müssen, denn Sie zahlen den Mutterschaftsurlaub aus der eigenen Tasche).

Kurz, um ihm »die Angelegenheit« mitzuteilen, braucht unsereins oft viele Tage und besonders schlaflose Nächte, bis wir uns die Sätze für die beste Art zurechtgelegt haben, ihn – ich sag's einfach mal so – die Pille schlucken zu lassen.

Eine Möglichkeit ist der Katastrophenstil, mit dem Sie ihn dazu bringen, Ihnen erst mal moralische Unterstützung anzubieten. »Ich habe Ihnen eine schlimme Mitteilung zu machen« – und während Sie das sagen, sehen Sie ihn düster an. Er wird sofort das Schlimmste vermuten: »Hat die Konkurrenz ein neues Patent entwickelt? Wieviel werden wir dabei verlieren?« Sie lassen den Kopf noch mehr hängen: »Nein, noch schlimmer. Ich bekomme ein Baby.« Da atmet er erleichtert auf: »Wenn es nur das ist.« Jetzt fühlt er sich verpflichtet, Sie zu beglückwünschen, und verkneift sich jede säuerliche Bemerkung bis später.

Die Optimistin reinsten Wassers weiß dagegen von der entspannten Atmosphäre einer Kaffeepause zu profitieren, wenn sie locker einwirft: »Chef, unsere Firma bekommt Zuwachs, ich bin nämlich schwanger! Und mein Ehemann ist auch der Vater!« Peng – da sitzt der Chef erst mal in der Klemme.

Dann gibt es noch die Methode der Andeutung, die nur einen Schluß zuläßt: »Wenn es ein Mädchen wird, soll es Gertrud heißen, und Christoph, wenn es ein Junge wird – nach Ihnen, schließlich sollen Sie doch sein Pate werden!«

Die Profi-Frau schickt ihrem Chef einfach eine Kurzmitteilung in fünf Punkten: »Ich erwarte ein Kind, das voraussichtlich am 30. August um 17.35 Uhr geboren wird. Demnach werde ich meinen Mutterschaftsurlaub am 15. Juli antreten und ab dem 15. Dezember wieder zur Verfügung stehen (eingerechnet der Sommerferien). Ich richte es so ein, um den Betrieb unserer Abteilung möglichst wenig zu stören. Falls es hart auf hart kommt, seien Sie aber versichert, daß Sie auf mich zählen können.« Am besten immer zeigen, daß wir Klasse haben, und die eigentlich völlig gerechtfertigte Erbitterung gar nicht erst aufkommen lassen.

Es gibt auch noch Härteres als die Ankündigung eines ersten Kindes: die eines zweiten oder eines dritten, vor allen Dingen, wenn der kleine Nachzügler eigentlich gar nicht vorgesehen war; schließlich glauben wir, wir könnten es uns aussuchen, ob wir schwanger werden oder nicht, bis wir dann plötzlich ein Kind einfach »kriegen«, ja sicher, auch heute, Jahrzehnte nach Einführung der Antibabypille. Wenngleich manche solcher Pillenpannen als Schande (oder doch fast so) empfinden, kommen sie eben vor, etwa dann, wenn wir gerade unsere neue Stelle als Personalchefin antreten wollen (wie hätte wohl der Personalchef geschaut, der Sie damals aus tausend Kandidaten ausgesucht hatte, weil er dachte, das Kinderkriegen hätten Sie hinter sich, wo sie doch schon zwei hatten?). Arbeitgeber – soviel ist richtig – schrecken davor zurück, »potentielle« Mütter einzustellen, weil sie denken, diese Frauen würden häufig abwesend sein.

Doch wir sollten hier mit solchen Vorurteilen einmal aufräumen – statistisch ist es längst erwiesen, daß wir seltener am Arbeitsplatz fehlen als Männer.

Es ist das weitere Baby, das sich schon zwei Monate nach der Geburt des letzten ankündigt (so ein Zwischenfall beim Stillen passiert nicht nur anderen Frauen), der Ihnen dann den freundlichen, aber doch verdienten Spruch eintragen mag: »Es stört Sie doch nicht, sechs Monate im Jahr zu arbeiten?« Eines ist von vornherein klar: Einer leitenden Angestellten mit Riesenbauch werden kaum gute Beurteilungen gegönnt. Bestenfalls leidet sie unter einer bizarren »Krankheit«, die sich schlecht mit ihrer Managerfunktion verträgt. In jedem Fall ist sie nicht »normal«, und Männer tun sich ihr gegenüber schwer, den richtigen Ton zu treffen. Es gibt nach wie vor den paternalistischen Stinkstiefel, der Ihnen sanft über den Bauch streicht und sagt: »Mein Kleines, ich hoffe, Sie liefern mir nicht gleich drei auf einen Schlag!«, oder Typen wie den Spitzenbeamten eines Ministeriums, der einer Mitarbeiterin, die das Bett hüten mußte, um eine Frühgeburt zu verhindern, in die Beurteilung schrieb: »Mir fehlte leider die Gelegenheit, die sicher ausgezeichneten Qualitäten von Madame Rivière einzuschätzen, die seit langem aufgrund einer anhaltenden Krankheit abwesend ist.« (Die fragliche »Krankheit« ist heute sechs Jahre alt.)

Superschwanger

Um das Gegenteil zu beweisen und zu zeigen, daß der Schwangerenbauch nicht unser Gehirn beeinträchtigt, toben wir noch mehr herum als sonst, während wir gleichzeitig stolz unseren Zustand vorzeigen (denn darauf sind wir trotz allem sehr stolz). Wir lassen nichts aus: ob Flugzeug, Dienstwagen, Motorrad und selbst Fernsehinterviews, wie es unsere Starjournalistin Christine Ockrent noch im achten Monat vorgemacht hat. Wir machen

Gymnastik und Diäten und bewahren eine sexy Haltung – so gut es noch geht –, denn wir sind nicht einfach schwanger und dick, wir sind Supermamas. Auch Entbindungsabteilungen können deutlich angesagt sein – in Paris beispielsweise die im Krankenhaus Saint-Vincent-de-Paul, wo die werdenden Mütter demonstrieren, daß es in ihrem Zustand längst nicht mehr reicht, an einer Säuglingsausstattung in Pastellfarben zu stricken, während sie im Warteraum auf *ihren* Gynäkologen warten (wenn er es versteht, sich richtig »einzubringen«, dann ist er schon eher ein Therapeut). Statt dessen erscheinen die Frauen in Jeans, die sie ihren Männern geklaut haben, oder in weiten Röcken und Pullovern – Hauptsache, es sieht nicht aus wie Mode für Schwangere, denn das Umstandskleid ist tabu. Sie falten *Le Monde* auseinander, blättern in einem Nachrichtenmagazin oder vertiefen sich in ein Buch von Elisabeth Badinter. Über eine Strecke von neun Monaten wird aus diesem vierwöchentlichen Treffen eine Verabredung wie andere auch, bei denen die Frauen über alles sprechen, Politik, Wirtschaft, ihren Beruf oder den Zeitgeist und zur Not durchaus auch mal über das Baby, das sie erwarten, aber erst hinterher, damit es nicht so aussieht, als hätten sie keine Ahnung oder – noch schlimmer – als wären sie eine Nur-Hausfrau und Mutter. Dramatisch wird die Sache, wenn wir nicht mehr wissen, woran wir uns halten sollen – zu groß ist der Abstand zwischen dem Bild, wie wir es in Anzeigen für Lebensversicherungen finden, wo eine Schwangere im Schaukelstuhl sitzt, im Hamiltonschen Weichzeichner auf die Geburt wartet, während sie glückselig ihren Nabel betrachtet, während es auf der anderen Seite den neuen Mythos der superaktiven Frau gibt, die ihre Niederkunft praktisch zwischen zwei Terminen im Büro erledigt. Da fällt die Wahl schwer. Wir möchten gleichzeitig für normal gehalten werden (und auch wieder nicht), so leben, als ob nichts wäre (und doch das Gefühl auskosten, wie etwas in uns *lebt*).

Wir hätten in diesen neun Monaten schon ganz gerne ein wenig Ruhe, weil wir Momente brauchen, in denen wir mit dem Baby sprechen wollen, als wäre es schon da, in denen wir fühlen wollen, wie es sich dreht und wendet, oder in denen wir ihm klassische Musik vorspielen oder unseren Bauch in die Sonne halten, damit es schon mal an die Luft kommt. Bevor unser Kind überhaupt auf der Welt ist, wollen wir schon die Babybücher von Brazelton und Dolto buchstabengetreu anwenden und fragen uns, wie Frauen es eigentlich früher geschafft haben, gelungene Kinder zu kriegen.

Doch zur gleichen Zeit wird im Beruf äußerste Leistung von uns verlangt, wie von einem Mann und eigentlich mehr als von einem Mann, denn wir müssen doppelt soviel schaffen, damit unser Zustand nicht als störend empfunden wird (paradoxerweise wollen wir immer weniger auffallen, je mehr wir äußerlich an Umfang zulegen).

Nicht selten bekommt eine Frau die Konsequenzen solchen Verhaltens schnell zu spüren und muß sich ins Bett legen, um ihr Baby nicht zu verlieren. Statistisch hat sich herausgestellt, daß mehr als drei Viertel aller Risikoschwangerschaften bei Karrierefrauen und Akademikerinnen auftreten. Es paßt uns gar nicht, wenn wir auf diese Weise daran gehindert werden, zur Arbeit zu gehen, und Arbeitgeber, Geschäftspartner und selbst die lieben Kollegen nützen diese Gelegenheit nur dazu, uns insgeheim zu verdächtigen, wir wollten uns drücken, auch wenn sie uns lautstark bedauern. Auf beiden Seiten wird die Sache nämlich durchaus unterschiedlich wahrgenommen: Während unsereins sechs Monate lang das Bett hütet und vor Ungeduld so heiß läuft, daß uns allein der Gedanke an das Baby davor zurückhält, alles kurz und klein zu schlagen, halten die anderen unsere Abwesenheit mehr für einen Urlaub und decken uns mit Akten zum Heimstudium ein, die wir im heiligen Namen der Wirtschaftlichkeit selbstredend annehmen. Wenn eine Superfrau sich auf eine Schwangerschaft einläßt, wird das immer eine merkwürdige Mischung aus Gewissensbissen und Befriedigung mit sich bringen.

Der Job ist flau, und das Baby macht uns auch noch traurig

Ja – kaum daß die Nabelschnur durchtrennt ist, die Glückwunschtelegramme uns erreicht und die Blumensträuße zu welken begonnen haben, wünschen sich die Kollegen, daß wir ins Büro zurückkehren, piffpaff, als wäre nichts gewesen (und wir sollen zufrieden sein, wenn wir unseren Stuhl zurückbekommen). Am liebsten wäre ihnen die Rückkehr in der zerknirschten Art einer verlorenen Tochter, die man gerade noch einmal wieder aufnimmt. Wir sollen jetzt so tun, als ob es unser Baby sozusagen nur noch in Klammern gäbe, als wäre es nur noch eine undeutliche Erinnerung. Nachdem Erinnerungsstücke und Fotos erst mal in die untere Schublade gewandert sind, sollen wir uns wieder, ohne noch einen Gedanken daran zu verschwenden, an die Arbeit machen.

Genau dann müssen wir natürlich an das Kind denken,

das anders ist, als wir es uns vorgestellt haben (mit drei Monaten sind sie einfach zu winzig), und uns sorgenvoll mit Dingen wie der Kinderkrippe, einer Amme oder dem Kindermädchen konfrontiert (daran haben wir uns überhaupt noch nicht gewöhnt), während das Stillen und die schlaflosen Nächte uns fix und fertig machen. Wir sind traurig über die Kilos zuviel, die wir noch nicht wieder los sind, wir fühlen uns eingenebelt und allgemein niedergeschlagen. Selbst die fähigsten und produktivsten Frauen fragen sich im Büro mindestens einmal täglich, warum sie eigentlich ihre Zeit mit Terminen verschwenden, wenn ihr Baby sie doch noch so nötig hat (und umgekehrt). Kein Zweifel: Dieser Frage können wir nicht ausweichen, und es ist schwer, eine Antwort darauf zu finden. Wir beneiden fast – wie weit sind wir gekommen – die Mütter, die ganz zu Hause bleiben, und vergessen dabei, wie sehr uns allein die drei Monate, die wir dort zugebracht haben, bedrückten.

Je kleiner es noch ist, desto mehr Aufmerksamkeit braucht das Baby, gerade wenn der höllische Reigen der Entzündungen einsetzt: Ohren, Nase, Bronchien. Es beruhigt uns wenig, daß dies nur Kinderkrankheiten sind, wenn wir Termine haben, die sich unmöglich aufschieben lassen, und die Neuen Väter abtauchen. Wie nehmen wir einen Gerichtstermin wahr, wenn unser Raphael vierzig Grad Fieber hat? Wir lernen schnell zu schummeln: Unsere Superkinderfrau Augusta ist krank, und wir haben drei Stunden gebraucht, um Ersatz zu finden? Derartige Verspätungen lassen sich eleganter damit entschuldigen, uns sei der Wagen zusammengebrochen, anstatt daß wir uns lächerlich machen (»Meine Kinderfrau konnte heute nicht«).

Werden die Kinder größer, wird es für uns dadurch nicht leichter – es gibt ja im Gegenteil die bekannte Redensart: »Kleine Kinder machen kleine Sorgen, große Kinder dagegen ...« Angefangen mit dem Anruf »Clemens ist mit dem Mofa verunglückt«, worauf Sie zitternd eine Konferenz im Stich lassen, Polizei und Krankenhäuser abklappern, bis Sie erfahren, daß er zum Glück noch völlig heil ist (abgesehen von seinen Bremsen), bis zu der Alarmmeldung »Keiner hat Jessica abgeholt«, auf die Sie alles stehen- und liegenlassen, um das arme Kind zu holen, das sich derweil im Kindergarten beim Hausmeister mit Bonbons vollstopft und sich ein Kabelprogramm ansieht, gibt es eine ganze Menge Gelegenheiten, bei denen das Leben unserer Kinder und unsere Karriereabsichten kollidieren.

Wo sind unterdes die Väter? Häufig unerreichbar oder unabkömmlich, denn *ihre* Arbeit ist dermaßen viel wichtiger als unsere, daß wir noch froh sein können, wenn sie uns in besonders harten Fällen durch einen Anruf ermutigen und hinterher noch einmal nachhören, wie denn alles ausgegangen ist. Ohne diese Unterstützung wüßten wir gar nicht weiter.

Unser kleines Prinzchen, unser Schätzchen, mithin unser Nachwuchs ist in der Arbeitswelt Persona non grata – hart, das auszusprechen, aber so ist es. Eher werden noch Hunde geduldet, die den ganzen Tag zu Füßen ihres Herrchens liegen, als daß man sich hier auf Kinder einläßt: Sie sollen vor allem durch Abwesenheit glänzen. Wir sollten sie niemals mitbringen – auch dann nicht, wenn wir nur einmal Lust verspüren, sie vorzustellen –, denn nach den ersten Begeisterungsschreien wird aus dem Kind wieder das, was es nie aufgehört hat zu sein:

ein lästiger Störenfried und Spielverderber, der verschiedene Leute nur mit der unangenehmen Tatsache konfrontiert, daß Madame Durand, die hier eine ganze Abteilung in Angst und Schrecken hält, eben auch eine zärtliche Mama sein kann.

Nicht zur Arbeit gehen, wenn das Kind krank ist? Dabei kann es sich nur um eine Täuschung handeln, denn selbst wenn wir auch eine Reihe von Tagen im Jahr darauf Anrecht haben, machen wir davon doch nur sehr wenig Gebrauch, denn im mitleidlosen Universum unserer Arbeitswelt heißt unser Chef meist JR – und er duldet gerade noch unsere Krankheiten (falls wir selbst die JR-Rolle spielen, müssen wir auch hier noch mit gutem Beispiel vorangehen und mit Fieber genauso arbeiten, wie wenn wir vor Heiserkeit nicht mehr sprechen können). Was soll dann erst sein, wenn unsere Kinder krank sind?

Wir tragen unser Haus auf dem Rücken

Sorgen dieser Art erhalten bei uns die höchste Geheimhaltungsstufe und sind allein für die Ohren unserer Freundinnen bestimmt, denn nur mitfühlende Kolleginnen kennen diese Leiden, schließlich haben sie sie am eigenen Leib erfahren und wissen, daß wir dort unten auf den häuslichen Galeerenbänken mit den Kindern »allein auf der Welt« sind (so wörtlich Michèle Barzach, Frankreichs Gesundheitsministerin, zu einer ihrer Beamtinnen, deren persönliche Organisation ins Rutschen gekommen war).

So – und nun geht es los, von jetzt an gehören wir für

immer dem Verband berufstätiger Frauen mit Kind an, dessen Mitglieder sich wie an einer Tätowierung untereinander erkennen, wenn sie sich mit grünlichem Gesicht morgens um neun begegnen und die Ringe unter den Augen sie noch stärker verraten als am Vortag, weil Marko in der Nacht wieder Zahnschmerzen hatte. Wie Schnecken ihr Gehäuse, so tragen wir unser Zuhause jederzeit auf dem Rücken mit uns herum.

Im Augenblick, wo wir morgens ins Büro kommen, wird von uns erwartet, daß wir mit unserer Vorstellung beginnen – als hätte sie nicht in Wirklichkeit schon mindestens zwei Stunden eher begonnen, als wir im Handumdrehen eine komplette Familie auf den Weg gebracht haben (säuberlich sortiert nach den einzelnen Mitgliedern).

»Und hier sehen Sie unsere Superfrau, die Ihnen vorführen wird, wie sie mit den Bestandteilen ihres Lebens jongliert! Treten Sie näher, meine Damen und Herren, schauen Sie sich das an, das lohnt den Umweg!« Zweifelsohne gäbe es hier einiges, worüber die Leute lachen könnten – nur wir natürlich nicht. Manche Tage sind überhaupt nicht zum Lachen: Stimmen Sie mal die 38,5 Grad Fieber ihres Jüngsten mit dem Termin für Ihr Chirac-Interview ab (ein Beispiel, das die Fernsehjournalistin Anne Sinclair der Zeitschrift VSD erzählte). Wir treten vor Gericht in der Scheidungssache Mouron-Jacquard auf, dürfen aber nicht vergessen, auf dem Weg zwischen Praxis und Gericht die Turnschuhe für Tobias abzuholen, müssen hier noch einen Drohanruf bei der Heizölfirma machen, deren Tankwagen immer noch nicht aufgekreuzt ist, und anschließend dort bei der Metzgerei bitte-bitte machen, weil sich drei Freunde selbst zum Essen eingeladen haben. Während wir versuchen, uns auf den vorliegenden Bericht zu konzentrieren, ruft Thomas an, weil er sein Latein nicht mehr kapiert. Als wir uns mit Durand-Dugland streiten, daß die Fetzen fliegen, ist Rebekka am Telefon und will mit ihrem süßen Stimmchen wissen: »Mama, wie male ich einen blauen Drachen?« Denn selbst wenn eine zuverlässige Mitarbeiterin uns abschirmt und Telefonanrufe filtert, nehmen wir Anrufe unserer Kinder (oder unseres Mannes oder unserer Mutter) sofort an und lassen alles andere stehen und liegen. Wen wundert's, wenn es dann auch liegenbleibt?

Für die Superfrau ist das Telefon mehr als eine Notwendigkeit – es ist der Draht, über den sie Verbindung zur Wirklichkeit hält, der es ihr möglich macht, um zehn Uhr schnell eine Verabredung zum zweiten Frühstück einzuschieben, um fünfzehn Uhr eine Bestellung beim Tiefkühl-Heimservice aufzugeben, um siebzehn Uhr festzustellen, ob die Kinder sicher aus der Schule zurückgekommen sind, und um achtzehn Uhr dem Kindermädchen das Rezept für die Ente in Rotkohl zu diktieren oder vielleicht doch besser das für Nudeln in Butter (nach unseren Vorgaben und ihren Möglichkeiten). Zwischendurch streichen wir jedesmal mit einem kleinen Hochgefühl eine Zeile nach der anderen auf dem kostbaren Zettelchen aus, das wir nie aus der Hand geben und das nur von uns entziffert werden kann. Beispiel: 1. Thomas Zahnarzt, 2. Essen Linda absagen, 3. Akte Duveau, 4. Butter, 5. ND anrufen, 6. Blumenstrauß/Großmutter, 7. Lemercier treffen, 8. dringend Stromrechnung!

Ist dort Tokio? Der Kleine hat vierzig Grad Fieber

Das eben Gesagte ist eigentlich banalste tägliche Routine, über die wir ein Ströphchen weinen können, und dann ist es wieder gut, denn dieser Normalzustand hat in seiner ständigen Wiederholung schon wieder etwas Beruhigendes. Es gibt andere Gelegenheiten, bei denen wirklich etwas schiefgeht (wenn den Kindern etwas zustößt und das Kindermädchen verschwunden ist, wenn jemand einen Unfall hat oder nach Schulschluß nicht nach Hause kommt), Gelegenheiten, die den Bereich des Gewöhnlichen verlassen und bei denen der Alltag plötzlich zum Alptraum wird.

Das beste Beispiel ist die Geschäftsreise. Nicht das fixe Hin-und-Zurück zwischen Paris und Mailand oder Straßburg und Frankfurt, das sich an einem Arbeitstag erledigen läßt, nein – die richtige Geschäftsreise, die uns lange, sehr lange von zu Hause wegführt: bis zu fünf, sechs Tagen. Etwa eine Reise nach Japan, wo jede Superfrau einmal in ihrem Leben hin muß, um ein Geschäft klarzumachen. (Tokio mag mittlerweile größer sein als New York, hat aber schon wieder etwas an Chic eingebüßt gegenüber Peking oder Syndey. Doch was soll's: Nehmen wir Tokio.) Bevor es soweit ist, müssen wir nur zwei oder drei Kleinigkeiten geregelt kriegen, um beruhigt abreisen zu können. Berufliches läßt sich noch am ehesten schaffen, schließlich brauchen wir nur das Pensum von zehn Tagen in drei zu packen. Die laufenden Angelegenheiten müssen fertig und für die Zeit unserer Abwesenheit genaue Instruktionen hinterlassen werden – so was braucht nicht mehr als zwei Stündchen zusätzlich jeden Abend.

Doch das ist nichts gegen das volle Programm, das uns zu Hause erwartet. Erstens gilt es, den Vater unserer Kinder davon zu überzeugen, nicht wie sonst so oft erst um neun nach Hause zu kommen, damit jemand da ist, wenn das Kindermädchen gegangen ist. Ist doch selbstverständlich? Kaum, auch wenn uns hoffentlich der Anfall von Jähzorn erspart bleibt, bei dem er sämtliche Tage unserer Abwesenheit in seinem Kalender markiert und schreit: »Wenn ich jeden Abend um halb sieben zu Hause sein soll, dann brauche ich ja überhaupt nicht mehr arbeiten zu gehen!« Zweitens gilt es, das Haus so zu organisieren, daß die Kinder eine Woche lang ohne Mutter überleben können. Schränke, Tiefkühltruhe und Eisschrank müssen also zum Bersten voll hinterlassen werden, und das Kindermädchen muß noch einen Babysitter zur Seite gestellt bekommen, jemand, der sich abends für den (sehr wahrscheinlichen) Fall bereithält, daß der Neue Vater Lust bekommt, auszugehen. Und wir sollten auch das Wochenende in unsere strategische Planung miteinbeziehen, will heißen, unsere Mutter bitten, aufzupassen. Empfehlenswert ist es überdies, in bestimmten Ecken etwas Bargeld zu hinterlassen.

Wir sollten für alles Listen anfertigen, als ob – uns ausgenommen – das Haus nur von verantwortungslosen Schwachsinnigen bewohnt würde, und die Listen sorgfältig so plazieren, daß sie gut sichtbar sind, ob es die Hausapotheke betrifft (»Halstabletten und Aspirin nicht verwechseln«) oder die Kleidung, die die Kinder auf jeden Fall oder gerade nicht tragen sollen (»bei fünfzehn Grad Kälte ist der rosa Mohair-Pullover angebracht, da es aber September ist und für die Jahreszeit zu warm, wird Marie sicher mit Sweatshirts auskommen«). Ähnliches gilt für die nötigen Mahlzeiten (»nicht Pizza, Pfannkuchen, Leberwurst und Pommes frites auf einmal«) und für die Abhandlungen über Säuglingspflege, falls Sie ein Baby zurücklassen: »Fläschchen Nr. 1 für Milch, Fläschchen Nr. 2 für Tee, Fläschchen Nr. 3 fürs Süppchen« (alles in Riesenbuchstaben, weil es sein könnte, daß jemand noch nichts davon gehört hat, daß es Fläschchen und Sauger für unterschiedliche Zwecke gibt).

Fazit: Wenn Sie erst mal im Flugzeug sitzen, werden Sie erschöpfter sein als nach einem Monat Zwangsarbeit. Nach der Ankunft in Japan im dreiunddreißigsten Stock des Tokioter Hotels Akasaka stehen Sie um drei Uhr früh (sieben Uhr morgens bei uns zu Hause) stille Ängste aus, übernächtigt von der Zeitverschiebung, werfen sich im Bett hin und her, überwältigt von düsteren Gedanken: »Wenn Ruth in der Badewanne ausrutscht und sich die Stirn aufschlägt, ihr Vater aber nicht da ist und meine Mutter einen Ausflug macht und der Arzt unterwegs ist, *wen* kann Augusta dann überhaupt noch anrufen, wo *ich* doch nicht da bin?« Also auf keinen Fall zu Hause anrufen und eher Alpträume in Kauf nehmen, als unseren Mann ans Telefon zu bekommen, der mit aufgesetzter Fröhlichkeit sagt: »Keine Sorge, Schatz, wir kommen ohne dich klar.« Pause. »Fast.« Am Abend vor unserem Rückreisedatum haben Sie die Nase endgültig voll von tiefen Verbeugungen, von Abendessen mit Sushi, bei denen Sie die einzige Frau unter acht finsteren Japanern sind, die Sie in endlose, unnütze Diskussionen über die unendlich kleinsten Punkte des Vertrags verstricken. Sie wären gern noch einen Tag länger dageblieben, nur so zum Umschauen, um mal abseits der Dutyfree-Läden einzukaufen. Wäre da nicht die ersterbende Telefonstimme aus

Frankreich: »Die Kinder haben vierzig Grad Fieber, das Kindermädchen ist krank, und ich fühle mich selbst auch nicht besonders. Wenigstens hilft uns deine Mutter.« Was tun? Sie fliegen nach Hause, geben innerlich schon die einzigen ruhigen Stunden nach der Rückkehr preis, schließlich können Sie ein Schlafmittel nehmen und auf dem Rückweg schlafen. Sie können doch gar nicht müde sein (und diese Bemerkung bekommen Sie garantiert zu hören), haben Sie nicht gerade acht Tage Ferien gemacht?

Ein Heiligenschein für berufstätige Mütter?

Eines steht mal fest, die berufstätige Mama hat heute kein leichtes Leben und verdient dafür nicht nur Vergütungen für Kinderreiche, sondern eigentlich einen Orden. Offenbar können wir vom Kinderkriegen nicht genug bekommen – das erste Kind, damit die Familie nicht ausstirbt, und zwei Jahre danach einen jüngeren Bruder, damit der Ältere sich nicht langweilt, dann ein drittes Kind, weil wir mit zweien noch keine große Familie sind, und für unsere alten Tage noch eine Nachzüglerin. Könnten wir, wie wir wollten, würden wir uns immer noch am liebsten zehn Kinder zulegen, aus schierem Spaß an der Freude – denn so hungrig wir uns auf berufliche Herausforderungen stürzen, haben wir auf Kinder nach wie vor einen besonders kannibalischen Appetit. Heimlich träumen wir von einem Haus voller Kinderlachen und einem Tisch mit fünfzehn Tellern, von einem Weihnachtsbaum voller Geschenke und der täglichen Freude, kleine Geheimnisse zugeflüstert zu bekommen, Händchen zu drücken, zu schmusen und Küsse zu bekommen und von den Rufen »Mama!«, sobald wir nur zur Tür hereinkommen.

Doch dazu werden wir nicht gerade ermutigt, schon gar nicht durch die lächerlichen staatlichen Maßnahmen zur Geburtenförderung. Selbst wenn die Kinderbeihilfen für einige Frauen wirklich etwas bringen, täten unsere Regierenden doch besser daran, die Zahl der Plätze in Kindertagesstätten zu erhöhen. Vor allem sollten sie Maßnahmen ergreifen, die sämtliche Verhaltensweisen und Strukturen in bezug auf Kinder revolutionieren.

Kinder werden heute nicht durch Abtreibungen getötet, sondern unsere gesamte Gesellschaft wirkt als Engelmacherin. Da ist es schon ein Wunder, daß wir soweit gehen, zwei oder drei Kinder zu haben, und uns überhaupt auf diesen verrückten Hindernislauf einlassen, der aus jeder Erstgebärenden eine Superfrau im Quadrat macht (eine Potenz, die mit jedem weiteren Kind noch ansteigt).

V Supermamas

Obendrein wünschen wir uns unsere lieben Kleinen perfekt, wie wir es selber sind: ohne schmutzige Nägel, ungeputzte Zähne oder unerledigte Hausaufgaben. Damit sie keine kleinen Dummköpfe werden, die nur noch in die Glotze stieren, kümmern wir uns auch noch um die geringsten Einzelheiten und lassen nichts aus, was ihrer Entfaltung günstig wäre. Wir beruhigen uns selbst und hören auch nur auf Psychologen, die dasselbe sagen – daß ein Kind am ehesten glücklich, autonom und aufgeweckt ist, wenn *beide* Elternteile arbeiten. Weil wir »Deserteure« sind, meinen wir, fünfzehnmal mehr mit unseren Kindern anstellen zu müssen, als es eine Mutter täte, die den ganzen Tag zu Hause bleibt. Wir möchten alles tun, um unsere Kinder schöner, intelligenter und fröhlicher zu machen – so gesehen hat die Supermama dann wieder eine Vollzeittätigkeit.

Prénatal oder Puppenkönig?

Wir setzen zuerst bei der Kleidung an. Wir sind bereit, jede Menge Nerven und Geld einzusetzen, damit sich unsere Kinder in Schale werfen können – wahre Sandkastendandys, deren Eleganz wir häufig den Vortritt geben vor unseren eigenen Bedürfnissen. Bevor unsere Superbabys überhaupt zur Welt gekommen sind, haben wir schon sämtliche Kataloge für Säuglingsausstattungen durchforscht nach Kinderjäckchen in Edelgrau, Pink oder Flaschengrün (Mädchenrosa und Bübchenblau sind abgesagt), die wir selbst stricken können. Oder von einer fähigen Großmutter ausführen lassen. Haben wir erst mal Designer-Strampelhöschen kennengelernt, sind uns auch Spielkittel, Minilatzhosen mit Druckknöpfen oder handgestrickte Kapuzenpullöverchen nicht mehr fremd. Beim Material sind wir kompromißlos – außer Wolle oder Baumwolle kommt uns nichts ins Haus. Ohne Rücksicht auf unsere Mütter ziehen wir Farben wie Grün oder Schwarz aller unriskanten Langeweile vor. Allerdings mit Stil: Exzentrisches sieht neureich oder provinziell aus und ist oft beides.

Niedlich sollten unsere Kinder aussehen, aber niemals zu modisch, immer tipptopp, laß es Osh-Kosh sein oder Toni Boy, Puppenkönig oder Prénatal – Hauptsache, es ist nicht dran zu tippen. Ob wir sie nun als klassische Strolche oder als lustige Mini-Yuppies aufzäumen, in jedem Fall sollten sie Witz, Qualität und Haltung beweisen. Untereinander drücken wir uns Adressen in die Hand, geben Tips weiter, wie die gute Schuhmarke, die pfiffig aussieht, aber solide genug ist, um das ganze Jahr zu halten, oder den Second-hand-Laden, der nicht zu schäbig ist.

Wir kennen uns aus, wie wir geschickt sparen, indem wir die Stiefelchen von Simon an Marko weitergeben oder Ruths lustiges Matrosenkleidchen von Johanna auftragen lassen, und doch sind wir dann dazu fähig, hemmungslos irrsinnige Summen auszugeben für eine kleine Weste aus schottischer Wolle oder einen Anorak, der mit echten Daunen gefüttert ist. Anders als bei uns selbst gestatten wir uns bei unseren Kindern keinen Fehlgriff. Mag sein, daß Kleider keine Leute machen, doch nach unseren Maßstäben machen sie immer noch erfolgreiche Kinder.

Ein IQ wie Einstein und humorvoll wie Loriot

Als gute Supermamas kümmern wir uns natürlich nicht nur darum, wie unsere Kinder aussehen. Unsere Kinder sollen schon in der Vorschule einen IQ wie Einstein unter Beweis stellen, sollen möglichst ab der ersten Gesangsstunde singen wie in einer Mozart-Oper, und jedesmal, wenn sie sorgfältig unsere Akten vollschmieren, vermuten wir in ihrem Pinselschwung einen kleinen Picasso. Klar, daß wir sie uns auch so humorvoll wünschen wie Loriot (statt dessen lieben sie Otto!). Wenn wir unsere Kinder auch noch nicht vor der Geburt vom Psychotherapeuten behandeln lassen, kümmert sich die Branche doch bereits um Psyche und »Denkmuster« der Säuglinge und Kleinkinder – das »doudou«, »foufou« oder »chichon«, jene unaussprechliche Schmusedecke, wie sie die Kleinen seit Urzeiten hinter sich herziehen, haben Therapeuten bereits zum »Transitionsobjekt« erhoben. Schon vor der Geburt lassen wir unsere Kinder Beethoven und Bach »hören«, um ihren Sinn fürs Künstlerische zu schärfen

(Madonna mögen sie weniger, zu aufrüttelnd). Mit einem Monat setzen wir sie schon auf die Anmeldeliste für den Montessori-Kindergarten, mit drei Monaten bekommen sie den ersten Bilder-Duden, mit vier Monaten lassen wir sie beim Babyschwimmen planschen, und wenn wir sie noch nicht mit fünf Monaten dazu bringen, Geige spielen zu lernen (nach dem Verfahren Suzuki) oder mit sechs Chinesisch zu studieren, dann nur, weil unser Sinn für Lächerlichkeit uns davor noch einmal bewahrt hat.

Wir befolgen buchstabengetreu die Ratgeber über den Umgang mit Babys und sprechen vom ersten Augenblick ihrer Existenz an mit unseren Kindern, als ginge es für sie darum, ein Studium in angewandter Pottologie zu absolvieren: »Das hast du aber gut gemacht, lieber Anatol, du hast ja herrlich Kacki gemacht, ich bin sehr stolz auf dich, und jetzt werfen wir es zusammen ins Klo!« Noch der geringste Nachtmar unserer Kleinen veranlaßt uns, trotz unserer schwer zu unterdrückenden Lust, uns wieder ins Bett zu legen, ihnen ein oder besser zwei Schlaflieder zu singen – alles, um den seelischen Schock des Alptraums zu lindern.

Die Monate vergehen, und es wird eher noch schlimmer, wenn wir von Babyanbetern zu Kinderfanatikern werden, getreu solchen Vorbildern wie den *Kyoiku Mamas,* den Stammüttern ganzer Generationen leistungsstarker Japaner, oder den *jiddischen Mamas,* die sich so hervorragend darauf verstehen, Nachschub für die Couch per Psychologen zu liefern. (Sobald wir Stolz zeigen über unsere Superkinder, die in allem die ersten sind, selbst im Turnen, verpaßt uns die Französischlehrerin einen Dämpfer: Wir seien als Modellmutter zu erdrückend für Jessica, das arme kleine Mädchen leide schon darunter, nicht so sein zu können wie seine Mutter.)

Geduldig bringen wir ihnen Sprechen bei (wenn unser kleiner Benjamin mit einem Jahr zum erstenmal »Wiasehen« stammelt, bestätigt uns das notfalls in der geheimen Überzeugung, daß wir ein außergewöhnliches Gehirn hervorgebracht haben), dann Schreiben und Lesen, schließlich müssen sie das alles spätestens bis vier geregelt bekommen. Wir wählen sorgfältig ihre Bilderbücher aus, die wir ihnen jeden Abend mit sehr viel Liebe, selbst, wenn wir todtraurig sind, vorlesen (»Also, Goldlöckchen traf das Rotkäppchen«), und wir sind dermaßen stolz, wenn sie sie schließlich auswendig kennen (Triumphschreie, wenn Hugo mit seinen sechzehn Monaten fehlerlos jedes Tier aus seinem »Bila«-Buch nachmachen kann, die Katze, miau-miau, der Hund, wau-wau, gut, mein Kleiner, wahrscheinlich finden wir uns dann dabei wieder, wie wir ihm – im Kostüm, auf allen vieren – noch den Elefanten und seinen Rüssel vormachen.

Und wie beeilen wir uns und was für eine Freude macht es uns, sie anschließend die literarischen Helden entdekken zu lassen, die unsere Kindheit bevölkerten – von Pippi Langstrumpf bis zu Prinz Eisenherz, von Robinson Crusoe und seiner Insel bis zu den Sagen des klassischen Altertums! Später wird schließlich auch Zeit für die »große Literatur« sein, von der wir nicht erlauben, daß sie sie vernachlässigen, um bloß Comics zu lesen.

Unsere Kinder sollen Fortschritte machen, um unsere Freundinnen herauszufordern (die sich davon kaum beeindrucken lassen, weil sie für ihre kleinen Genies ähnliche Pläne hegen wie wir für die anderen), um die Lehrerin zu verblüffen (auch nicht leicht, sie hat es schließlich mit dreißig dieser Sorte zu tun) und um ihre Klassenkameraden um drei Längen zu schlagen. Sie sollen die ersten sein, notfalls die zweiten, aber niemals schlechter, selbst wenn wir uns auf den Weg dahin mit Nachhilfestunden in Englisch oder Französisch ruinieren. Denn schon beim ersten Mal, wenn es Zeugnisse gibt, möchten wir stolz ankündigen, daß Jessica »jetzt eine Klasse überspringt«, und am liebsten wäre es uns, daß sie mit sechs Jahren schon aufs Gymnasium gingen und mit zwölf das Begabtenabitur ablegten, während wir gleichzeitig seufzen, sie wüchsen zu schnell.

Der Gummieffekt

Was dabei herauskommt – zuviel ist einfach zuviel. Wir haben zu schnell vergessen, daß die überfütterten Kinderhirne ja noch ein Taschenformat haben, mag es uns noch so sehr am Herzen liegen, aus ihnen Hochbegabte zu machen. Es sind gerade diese ganzen sorgsamen Anstrengungen für unsere Kinder, die uns dann wieder auf den Boden der Tatsachen zurückholen – wie bei einem Gummi, das zurückflitscht, wenn wir zu stark dran ziehen.

Da haben wir ihnen pädagogisches Spielzeug gekauft, für das sie eigentlich noch zu klein waren, total verwinkelte Fisher-Price-Baukästen und Buchstabenspiele, Spiele zum Basteln und Kleben, Zahlenspiele und Dominosteine, erst ein Fernrohr, dann ein Mikroskop und schließlich ein Verfahren, nach dem schon Vierjährige Schach lernen können – und dann wundern wir uns, daß sie es viel eher vorziehen, mit Buntstiften auf der Tapete herumzuschmieren.

Wir hätten gern, daß sie schon einen genauso guten Geschmack hätten wie wir selbst, und sind dann maßlos erschrocken, wenn unsere Töchter nur von Barbie-Puppen und Teenie-Stars träumen (und von uns verlangen, daß sie ein Prinzeßkleidchen bekommen in Zuckerrosa oder Peinlichlila mit lauter Schleifchen, eben wie ihre Idole) oder wenn unsere Söhne mit ihren grauenhaften Laserpistolen drohen, uns zu »atomisieren«, nachdem wir uns doch ein für allemal geschworen hatten, niemals werde auch nur eine einzige »Waffe« ihren Weg in unser Kinderzimmer finden.

Noch unter dem wohlmeinenden Einfluß unserer Lektüre aus den feministischen Jahren wie dem berühmten »Was geschieht mit kleinen Mädchen?« von Eléna Belotti hatten wir uns fest vorgenommen, unseren Kindern die ideale Erziehung zu vermitteln, die wir selbst niemals bekommen hatten, und aus ihnen vom ersten Tag an winzige, aber schon vollkommene Superfrauen und Neue Männer zu machen, bei denen die Rollen zwischen Mädchen und Jungen austauschbar sein sollten. Wir dachten, auf diese Weise würden sie es nicht nötig haben, gegen ihre armen Eltern anzukämpfen, um sich primitiver, genauso überholter wie lästiger Verhaltensmuster zu entledigen, und dann fallen wir aus allen Wolken, wenn Simon die Puppen seiner Schwester nimmt und mit ihnen wie mit einem Gummiknüppel herumdrischt, während sich Alice von uns lispelnd zu Weihnachten einen Staubsauger wünscht, damit sie »den Haufalt« erledigen kann. Wir erträumen uns für sie immer neue Arten von Zeitvertreib, die sie bereichern und bei denen sie sich auszeichnen können: Klavier, Judo, Töpfern, Ballett oder Showtanz, Reiten, Chorgesang oder Einführungen ins Zeichnen, in die Bildhauerei oder meinetwegen ins Fallschirmspringen. Und dann fragen wir uns noch, warum Tatjana jeden Mittwoch abend dermaßen erschossen ist.

Wir gehen mit ihnen also in den Zirkus und zu Konzerten, verbringen Nachmittage im Kunstgewerbemuseum, bei der »Zauberflöte für Kinder« oder mit der Marionettenbühne Budapest und gehen mit ihnen ins »Experimentelle Kindertheater«, wo sich an unserer Stelle motivierte Schauspieler darum kümmern, die Sensibilität unserer Kinder zu wecken. Und wir sind dann baff, wenn Lisa mitten in der Vorstellung beginnt, sich am Boden zu wälzen, und lieber die Kinderstunde sehen will und Lucas nörgelt, weil er schon wieder eine Folge von *Knight Rider* verpaßt.

Wenn wir ihnen Sprachferien in Irland oder London organisieren, stellen wir überrascht fest, daß Stephanie nicht nur mit einem dicken Cockney-Akzent, sondern auch mit zehn Kilo Übergewicht zurückkommt, die sie sich dort mit *Fish and Chips* und *Marshmallows* angefressen hat.

Aber wir lassen uns durch nichts entmutigen und wünschen uns, daß es unseren Kindern an nichts fehlen soll, vor allem nicht an einer guten Erziehung, denn wir träumen davon, mit dem Lorbeer für die beste Mutter ausgezeichnet zu werden, selbst wenn unsere Kinder in der Zwischenzeit von ganz anderen Frauen erzogen werden.

VI Kinderfrauen

»Jede Frau, die ihr Kind einer anderen anvertraut, fragt sich ständig, ob sie damit nicht einen Fehler begeht. In ihrer Vorstellungswelt ist immer noch das Bild der ›idealen‹ Mutter verwurzelt, die zu Hause bleibt, um sich besser um ihre Kinder kümmern zu können.«

T. Berry Brazelton: *A ce soir* (Heute abend), 1986

Und wer paßt auf den Laden auf?

In Frankreich gibt es eine Million Kinder im Alter von weniger als drei Jahren, auf die acht Stunden am Tag und fünf Tage in der Woche jemand aufpassen muß, doch in den Kindertagesstätten ist nur für vierhunderttausend Kinder Platz. Bleiben sechshunderttausend Kinder übrig, auf die die Großmutter, die Nachbarin, die Putzfrau, das Au-pair-Mädchen oder eben eine richtige Kinderfrau aufpassen muß. Koste es uns, was es wolle – wir sind gezwungen, uns eine fremde Hilfe zu engagieren, um für unsere eigenen Babys zu sorgen. Die Vorstellung, daß unsere Kinder in anderen Armen als den unseren getröstet werden, daß sie aus anderen Mündern als den unseren zärtliche Worte zugeflüstert bekommen und andere Augen als die unseren ihre ersten Fortschritte beobachten werden, ist eine Vorstellung, die uns nicht gerade froh stimmt.

Wir trösten uns mithin, indem wir uns ausmalen, wieviel noch für uns übrigbleibt, das uns niemand abnehmen kann: das erste Fläschchen am Morgen und die Gutenachtgeschichte am Abend und das Gedicht, das wir morgens vor der Schule im Badezimmer abhören müssen und dann erst vor dem Zubettgehen die Diskussionen über die ganz schwergewichtigen Dinge im Leben (»Sophie ist meine Freundin, Claire aber noch mehr, und Julien werde ich heiraten«). An den Wochenenden müssen wir uns doppelt ins Zeug legen, obwohl es sich kaum lohnt, darum viel Aufhebens zu machen – schließlich sind zwei Tage pro Woche ganz schön knapp bemessen, um eine Familie zusammenzuschweißen. Doch das ist halt der Preis, den wir für unsere Unabhängigkeit zu zahlen haben.

Zuerst einmal bleibt natürlich der ganze wirklich anstrengende Ärger an uns hängen, denn wer auch auf die Kinder aufpaßt, *wir* müssen ja zuerst einmal dafür den Rahmen zimmern, und wie festgezimmert der fragliche Rahmen auch sein wird, kommt immer ein Augenblick, wo der Knackpunkt erreicht ist: wenn das Kind krank geworden und die Kinderfrau leider unpäßlich ist oder die Tagesmutter sich als unmöglich herausstellt oder auf einmal in der Grundschule die Lehrer streiken . . .

Wiegen wir uns also nicht in der falschen Hoffnung, einmal werde ein Wunder geschehen – das Wunder müssen wir schon selbst zustande bringen, und zwar täglich, weil wir die Fäden, die unser Gleichgewicht halten, selbst in der Hand haben. Wenn hier ein Faden reißt, sind wir es ganz allein, die ihn wieder flicken müssen, ganz gleich, was für einen hohen Preis an Sorgen wir dafür in Kauf zu nehmen haben. Ein für allemal nimmt die Superfrau alles auf die eigenen Schultern, und die Sorge für die Kinder ist längst nicht immer die leichteste dieser Lasten.

Harter Numerus clausus in der Kinderkrippe

Für unsere ganz Kleinen gibt es zunächst einmal die Kinderkrippe, eine Art von Kinderverwahranstalt, die vor allem den Eltern mit beschränkten Mitteln lieb und teuer ist, die aber längst auch für die Nachkommenschaft höherer Beamter und der Leute aus dem Bildungsmilieu angesagt ist, Leute, die sich eigentlich locker zwei Kinderfrauen leisten könnten, es aber unheimlich wichtig finden, daß Louise oder Felix von Anfang an lernen, sich »gesellschaftlich« zurechtzufinden (und ist es nicht ein Glück der besonderen Art, jeden Morgen diesem bezaubernden Anblick den Rücken zu kehren, den dreißig aufgeregte Kleinkinder bieten, darunter das eigene, die gerade dabei sind, sich »gesellschaftlich« zu orientieren, indem sie miteinander um die Wette brüllen?).

Ja, mit der Kinderkrippe ist das gar nicht so einfach. Zunächst gilt es einmal, hineinzukommen, und das ist weitaus schwieriger, als die lieben Kleinen später einmal auf der Waldorf-Schule anzumelden oder sie noch später für ein Jahr nach Harvard zu schicken, denn die Plätze in der Krippe sind sehr, sehr kostbar. Um an einen davon zu gelangen, sind alle Mittel recht, zum Beispiel sich (wie bei der modischen Entbindungsabteilung im Krankenhaus Saint-Vincent-de-Paul) bereits *vor* der Empfängnis einzuschreiben oder die Leiterin mit Spielzeug oder Bonbons gewogen zu stimmen (bloß kein Geld, sie ist unbestechlich), während wir immer mal wieder »vorbeikommen, um guten Tag zu sagen«, und dabei den ständig anwachsenden Bauch ins rechte Licht setzen. Es ist auch nicht ungeschickt, sich mit den Kindergärtnerinnen anzufreunden, indem wir ihnen Komplimente über ihre eigenen

Kinder machen (denn bekanntlich sind die Krippen nicht nur von den Gören linksintellektueller Eltern, sondern vor allem vom Nachwuchs der Frauen bevölkert, die dort selbst tätig sind, ihre Arbeitszeiten lassen ja gar nichts anderes zu; auf diese Weise genießen sie auch noch den wahrhaft einmaligen Vorzug, für die Betreuung ihrer eigenen Kinder bezahlt zu werden). Uns bleibt nichts übrig, als bei dieser Lotterie mitzuspielen, was sich dabei nicht unbedingt als lohnend erweisen muß. Wenn Sie selbst in acht Tagen wieder ins Büro zurückkehren müssen und Ihnen gleichzeitig mitgeteilt wird, Benjamin stehe nach wie vor auf Platz 303 der Anmeldeliste, dann bleibt ja doch wohl nichts anderes übrig, als sich eilendst eine Strategie zur Lösung dieser Schwierigkeit zurechtzulegen.

Das ist eigentlich gar nicht so schlimm, schließlich bietet die Krippe nicht nur Vorzüge – was sich dort täglich an Mikroben zusammenbraut, stellt für jede Superfrau eine furchtbare Bedrohung dar, deren Kind von dort grundsätzlich alle ansteckenden Krankheiten mitbringt. Obendrein müssen wir das ironische Mitleid jener Frauen über uns ergehen lassen, die die glänzende Gesundheit ihrer keimfrei verpuppten Kinder herausstellen, die selbstverständlich zu Hause aufwachsen dürfen. Die festen Zeiten der Kinderkrippe passen im übrigen auch nicht gerade gut zu beruflichen Tätigkeiten, bei denen selten auf feste Arbeitszeiten Verlaß ist.

In so einem Fall müssen wir also Hilfe auftreiben, ein Au-pair-Mädchen oder eine Frau zum Babysitten, die unser Kind von der Krippe abholt und darauf aufpaßt, bis wir nach Hause kommen, und so was wird auf die Dauer ziemlich teuer. Falls Sie nämlich gedacht haben, Sie könnten durch die Kinderkrippe noch ein wenig Geld sparen, dann schlagen Sie sich das besser aus dem Kopf: Wenn sowohl Vater als auch Mutter normal berufstätig sind und verdienen, dann kommen sie bei so einem Arrangement kaum mit monatlichen Kosten unter zweitausend Franc davon (mit sechshundert Mark sind Sie dabei), und dabei ist das Honorar für eine Putzfrau bei der Frau zum Babysitten noch nicht eingerechnet, denn die ist zwar unwahrscheinlich lieb zu den Kindern, läßt sich aber immer dann nicht mehr blicken, wenn auch nur mit einem Wort von Haushaltsarbeit die Rede ist.

Also können wir uns diese Doppelbelastung im Grunde sparen. Denn zu dem Risiko, diese verwickelte Geschichte immer auch geregelt zu bekommen, addieren sich die Erschöpfung und die Panik jener Tage, an denen Jessica morgens auf einmal hohes Fieber hat, und die Reuegefühle, die es uns bereitet, sie trotzdem vor die Tür zu schleppen wie an jedem Tag, bei jedem Wetter, ob es nun regnet, schneit oder stürmt.

Tagesmütter und Kinderfrauen

Suchen wir uns also eine Amme oder, richtiger gesagt, eine staatlich geprüfte Kinderpflegerin. Doch bei so einer Suche sind unverhoffte Glücksfälle eher selten, und wir müssen uns schon gehörig darum kümmern, eine entsprechende Perle ausfindig zu machen: eine Frau, die keine Alkoholikerin ist (das kommt vor), die nicht fünf kleine Kinder stumpfsinnig vor der Glotze verkommen läßt, während sie Dienst als Hausmeisterin schiebt und den ganzen Tag in ihrer kleinen Wohnung herumschnauzt, eine Frau, die unsere Kinder nicht zwei lange Stunden mutterseelenallein im Bettchen vor sich hin schreien läßt, während sie einkaufen geht, und eine Frau schließlich, deren erzieherische Vorstellungen nicht aus dem Alten Testament stammen. Nein, Alice ist natürlich nicht »dreckig«, wenn sie mit sechs Monaten noch nicht allein aufs Klo gehen kann, und Mathieu ist auch keinesfalls »bösartig«, wenn er seine vollkommen natürliche Munterkeit unter Beweis stellt. Was uns bleibt, ist eine recht schmale Auswahl. Entweder senken wir unsere Maßstäbe, oder wir drehen uns um und gehen würdevoll hinaus, unser Baby im Arm und gezwungen, uns von neuem auf die Suche zu machen.

Es sei denn, es sei denn – unser gütiges Schicksal führt uns auf *ihre* Spur. *Sie?* Unersetzlich, kostbar, unsere rechte Hand – das Dienstmädchen aus Großmutters Zeiten, das wir schamhaft und aus sozialen Gepflogenheiten umgetauft haben in die *Hausangestellte* oder, noch freundlicher, noch zartfühlender, weil es an eine glückliche Kindheit erinnert, *die Kinderfrau*. Kostbar ist hier übrigens ein wahres Wort, denn diese Lösung kostet, sie ist ein Luxus. Selbst wenn eine französische Ministerin uns zu einigen gesetzlichen Erleichterungen verholfen hat, indem sie uns davon ausgenommen hat, für die Kinderfrau die vollen Sozialabgaben zu entrichten, bis unser Kind drei Jahre alt ist (ganz richtig, sobald es drei Jahre alt ist, kann es ohne Schwierigkeiten ganze Tage allein im Kinderhort überstehen, Schulspeisung inbegriffen, obwohl Kinderärzte und Erzieherinnen da ganz anderer Meinung sind, und natürlich kann es auch ganz allein nach Hause gehen und auf sich selbst aufpassen, bis Mama zurück ist . . .).

Die Superfrau kommt kaum ohne eine Superkinderfrau aus. Die beiden bilden ein Gespann, bei dem der Mann im Haus zum Teil, ja eigentlich sogar überhaupt keine Rolle mehr spielt, höchstens noch als Schiedsrichter, wenn es darum geht, wechselseitig Punkte zu vergeben, ansonsten macht er sich höchstens mal auf Zehenspitzen bemerkbar und bittet, ob ihm jemand seine Schuhe putzen oder ob er nicht zum Nachtisch Apfelkuchen bekommen kann. Sobald zwei Frauen den Haushalt führen, läßt er sich lustvoll bemuttern. Mag er auch ursprünglich seinen Teil zur Hausarbeit beigetragen haben, fällt er jetzt in ein völlig infantiles Stadium zurück, ins Mittelalter, ach, was sage ich – in die Vor- und Frühgeschichte.

Schlimmer noch: Eigentlich ist das ein Rückfall in die Vielweiberei. Aber selbst wenn er jetzt aus falschverstandener Abenteuerlust durchaus unehrenhafte Absichten auf die Kinderfrau entwickelt, stehen wir damit doch vor einem Dilemma wie aus der klassischen Tragödie: Wen soll ich aufgeben – diesen untreuen Kerl oder diese Perle von einer Kinderfrau? Weil er in all seiner Faulheit noch ein gutes Gewissen haben möchte, besteht er darauf, zwischen zwei Frauen sei für ihn sowieso kein Platz mehr.

Damit ergreift er den erstbesten Vorwand, um sich (endlich) seiner natürlichen Neigung zu überlassen: dem Abwälzen aber auch wirklich jeder Verantwortung.

Friedliche Koexistenz

Also Augusta, Gerta, Anna oder Corazon und wie ihre Mitschwestern so heißen – sie morgens erscheinen zu sehen, pünktlich um acht oder neun, wenn sich die ganze

Wohnung schon seit geraumer Zeit in einem Zustand allgemeiner Hysterie befindet, das berührt uns wie ein Hauch von Frühling im Winter oder ein Stück blauer Himmel an einem verregneten Tag. Wir werden ihnen niemals genug sagen können, wieviel wir ihnen verdanken. Niemand ist eben vollkommen und wir noch weniger als sie, dabei wünschen wir uns sie ja gerade vollkommen – morgens sollen sie als Meister Proper mit Besen, Putzmittel und Staubtuch wirbeln, um anschließend als Naturtalent und Superlehrerin unsere Kinder in die Freuden von Fingerfarben und Modelliermasse einzuführen. Aber solches Superpersonal (Gouvernante und Putzfrau in einem – der Traum!) läßt sich schon mangels Gage kaum finden.

Die Beziehungen zwischen ihr und uns sind alles andere als einfach, und wir brauchen eine Weile, uns an diese gar nicht immer so friedliche Koexistenz zu gewöhnen, eine Koalition, die noch vertrackter funktioniert als die in der Politik, eine Zweierkiste, die das Eheleben einfach aussehen läßt. Es war doch ohnehin schwer genug, das Alleinsein unserer frühen Jahre (als ein Zimmer mit Kochecke ausreichte, um darin unsere Bücher zu stapeln, unseren zahmen Beo, einen Haufen Pflanzen, unsere Träume und unsere diversen Freunde unterzubringen) gegen ein schon viel regelmäßigeres Leben in Zwei-Zimmern-Küche-Diele-Bad einzutauschen (mit noch mehr Büchern, weniger Pflanzen, dafür jetzt einigen Möbeln, einem Fernseher und nur noch einem Freund, dafür aber einem Haufen Pläne). Als ob das nicht schon abenteuerlich genug gewesen wäre, stecken wir jetzt in einer Fünfzimmer-Luxuswohnung und haben es mit einem Ehemann, Kindern, Katzen, Hunden und einem Videorecorder zu tun, sollen unsere Einkommenssteuererklärung vorbereiten und müssen uns, als wäre das alles nicht genug, auch noch auf eine fünfte Mitbewohnerin einstellen, die anders als wir denkt, spricht, kocht, aufräumt und Kinder erzieht. Das fordert uns (und zwar sofort) eine erschöpfende seelische Gymnastik ab, die uns mehr beschäftigt, als uns lieb ist.

Wir dachten, wir hätten es nur mit dem Haushalt einer ganz normalen Familie zu tun, und stellen plötzlich fest, daß wir einen mittelständischen Betrieb leiten – auch wenn es darin nur eine Angestellte gibt. Wir müssen uns in jeder Funktion um sie kümmern, weil wir zuständig dafür sind, daß monatlich ein Gehaltsvordruck ausgefüllt wird und 5,3 Prozent von etwas abgezogen werden sollen, von dem wir nur eine ungenaue Vorstellung haben, was es sein könnte, wir bekommen es mit der französischen AOK genauso zu tun wie mit Lohnsteuer und Sozialversicherung und lauter unverständlichen Abkürzungen, von denen wir gar nicht wissen wollen, was sich hinter ihnen verbirgt. Kinderfrauen sind häufig Ausländerinnen, und als Leiterin der Personalabteilung haben wir uns um alle entsprechenden Probleme zu kümmern: Formalitäten für ihre Eheurkunde, Aufenthaltsgenehmigungen, selbst ihre Rezepte für die Pille, ihre Leidensgeschichten und Krankheiten und andere ganz diverse und erstaunliche Kümmernisse, gar nicht zu reden von ihrem Heimweh und den Schwierigkeiten dieser Frauen, sich unsere Sprache anzueignen.

Aber die Rolle, die uns am schwersten fällt, ist die der »Dame« des Hauses, denn ohne daß wir es uns richtig klargemacht haben, sind wir definitiv ins Lager der »Damen« übergewechselt, wo uns doch das bürgerliche Getue unserer Mutter und ihrer Freundinnen vor nicht allzu langer Zeit noch so sehr auf die Nerven ging. Wir spielen jetzt wirklich und wahrhaftig die Rolle der Dame, die morgens, wenn sie das Haus verläßt, Anordnungen für den Tag hinterläßt, unterstützt von einem sanften, aber bestimmten Bitte: an den Gemüsebrei für Felix sei zu denken, auch die Salbe für Michaela und das blaue Hemd für Monsieur nicht zu vergessen. Es macht uns eine irre Mühe, uns selbst an diesen neuen Stil zu gewöhnen, und es fordert außergewöhnlich viel Kraft, uns in unserem eigenen Haus durchzusetzen.

Unser Leben mit den Kinderfrauen schafft neue Widersprüche. Kaum haben wir (selbst in Frondiensten erfahren) unsere eigenen Ketten gesprengt, spielen wir die alte Dialektik von Herrschaft und Sklaverei aufs neue durch – nur diesmal in neuer Besetzung. Schießt die Machos auf den Mond? Klar, die weiblichen Machos haben längst ihren Platz eingenommen. Wir kommen dann abends erschöpft nach Hause (wie vor zwanzig Jahren die Männer nach Hause kamen) und schimpfen innerlich, weil noch Staub auf den Fußbodenleisten entlang der Wand liegt und weil die Kinder schon wieder Spaghetti zum Abendessen hatten und ganz offensichtlich kalte, wo *sie* doch den ganzen lieben langen Tag nichts anderes zu tun hatte als *das hier* (und die Kinder und den Rest). So, wie man das uns vor zwanzig Jahren vorhielt. Doch vergleichsweise äußert sich unser Chauvinismus auf bescheidene Art und Weise. Weiblich eben. Wir fallen nicht vollkommen aus der Rolle, und haben wir mal einen Wutanfall (wenn überhaupt), erledigen wir das diskret. Gegenüber unserer Kinderfrau trauen wir uns häufig nichts.

Im Berufsleben macht uns längst nichts mehr angst, ob es nun darum geht, eine Abteilung von dreißig Figuren zu führen (machen wir locker) oder einem Mann die Meinung zu sagen, der miese Arbeit abgeliefert hat (den drükken wir so weg). Wir verbringen unsere Arbeitstage damit, uns mit der ganzen Welt herumzuschlagen (ein Kinderspiel). Sobald wir aber die Schwelle unserer eigenen Wohnung überschreiten, geht es nicht mehr nach unserer, sondern nach der Nase einer anderen Frau. Von der Tigerin werden wir wieder zum sanften Lamm, stellen uns dumm an und sind auch ein bißchen feige. Uns ist nicht wirklich bequem zumute in unseren Pantoffeln gegenüber der Frau, die sie ohne Komplexe geputzt hat, als wir nicht da waren. Wir fühlen uns hin und her gerissen zwischen unserem Bedürfnis, unsere Autorität unter Beweis zu stellen, und dem Wunsch, uns dieser neuen Rolle zu überlassen, in der wir bedient werden. Das fällt uns gar nicht so leicht.

Warum das so ist? Um das herauszufinden, brauchen wir nicht erst den ganzen Sigmund Freud gelesen zu haben, denn es ist leicht zu begreifen: Wir empfinden die altvertrauten Schuldgefühle, die bisher immer noch die Oberhand behalten haben. Eigentlich denken wir doch folgendermaßen: Das, was *sie* macht, sollte ich tun, nur habe ich dazu einfach keine Lust, so was ständig zu tun. Sie kümmert sich an *meiner* Stelle um *meine* Wohnung, um *meine* Kinder und um *meinen* Kerl. Während ich draußen unterwegs bin. Oft muß sie sich mit den mühevollsten Problemen herumschlagen, während ich mir die angenehmeren Aufgaben vorbehalte.

Hier wird schnell klar, warum wir mit ihr nicht in dem kategorischen Ton umspringen können, den wir anderen gegen über an den Tag legen. Besonders wird uns das nach dem Wochenende bewußt, wenn wir wieder bis über beide Ohren in der Arbeit stecken und uns träumerisch fragen, wie es diese Perle eigentlich schafft, das Haus oder die Wohnung so in Schuß zu halten, die Kinder ebenso, und das auch nahezu die ganze Zeit über mit einem Lächeln. So bringt sie uns wenigstens für zwei Tage wieder gut drauf und unsere Stimmung ins Lot.

No woman's land

Unsere höchst kostbare Augusta (oder Corazon oder Anna) ist die unentbehrliche Helferin unseres superaktiven Alltags – sie ist unsere Ersatzfrau, unsere Auswechselspielerin, unser geklontes zweites Ich, von der wir gleichzeitig mehr und weniger zu Gesicht bekommen möchten. Sie ist weder eine bloße Angestellte, noch gehört sie wirklich zur Familie, sie lebt bei uns, ohne hier im Ernst zu wohnen, und hat hier ihren Platz, ohne sich niederzulassen. An fünf von sieben Tagen ist das hier zehn Stunden täglich *ihr* Haus, *ihre* Küche, *ihr* Teppichboden, *ihre* große Wäsche und *ihr* Bügeln, ja selbst *ihr* Badezimmerfußboden.

Unsere ganze liebevoll zusammengestellte Einrichtung mit den Sofas nach klassischen Designer-Entwürfen aus den dreißiger Jahren, dem Memphis-Stuhl, dem Napoleon-II.-Kanapee oder dem echten Le-Corbusier-Tisch scheint eher für sie als für uns selbst da zu sein, kommt sie doch viel eher in den Genuß, die Wohnung so perfekt zu sehen, wie wir sie fast nie zu Gesicht bekommen. Schließlich haben wir keine Zeit, abends und am Wochenende auch noch aufzuräumen.

Unsere Kinderfrau sorgt als guter Geist für unser *home, sweet home* und kümmert sich um das, was wir uns nur vorstellen können – sorgfältig gemachte Betten, Geschirr, das sich an seinem Platz befindet, glänzende Fußböden und ein Pot-au-feu, der appetitlich auf dem Herd steht und zieht, wenn wir nach Hause kommen. Sie verhilft unserer alten Phantasie vom trauten Heim zum Durchbruch, nicht ohne den Beigeschmack eines Schuldgefühls, weil wir selbst die meiste Zeit gar nicht da sind – aber wir kehren schließlich regelmäßig hierher zurück.

Es gibt allerdings Sachen, die wir uns vorbehalten – feine Details, die aus tiefster Seele empfundenen Zugaben wie die parfümierte Kerze auf dem Tisch, die richtig plazierte Karaffe aus Kristallglas oder der Strauß Blumen, alles Dinge, die wir nicht missen möchten. Wir müssen pausenlos darauf achten, daß sie auch wirklich uns vorbehalten bleiben. Wenn die andere da ist, sind wir nicht so richtig *bei uns* und auch nicht *bei ihr* – aus unserer Wohnung wird ein *no woman's land,* eine Art neutrale Zone, die unter die ständige Aufsicht der Uno gehörte. Hier müssen wir um des Gleichgewichts willen ständig unser eigenes Territorium neu behaupten und über unsere Vorrechte verhandeln. Es empfiehlt sich, bei manchen Dingen nachzugeben, um andererseits auch in den Genuß mancher Vorteile zu kommen.

Sie zieht es also vor, die blaue Vase auf den Sims über

den Kamin zu stellen? Wo Sie selbst sie doch hartnäckig alle Tage wieder auf die Anrichte vor dem Geschirrschrank stellen? Nur keine Panik. Es ist gar nicht so schlecht, hier auch einmal nachzugeben. Dafür können Sie dann um so unbeugsamer bleiben, wenn es darum geht, welcher Schleudergang für die Pullover nun der richtige ist oder wie Sie Ihre Bibliothek aufgeräumt haben möchten. Wenn Sie auf der einen Seite gewinnen wollen, müssen sie auf der anderen Seite auch bereit sein, sich von liebgewordenen Vorstellungen zu trennen und sie wie Sandsäcke über Bord zu werfen. Soll doch die andere bestimmen, wie die Servietten gefaltet werden und an welchem Tag sie staubsaugen möchte. Ähnlich ist es beim Fernsehen (sie macht es an, Sie stellen es wieder aus) oder beim Radio (sie mag Radio Luxemburg und Sie eben gerade nicht). Finden Sie das abschreckend? Nicht wirklich. Nehmen Sie es als das, was es wirklich ist: ein echter, aber verkappter Kleinkrieg. Clausewitz hätte sich dabei sicher als Waisenknabe erwiesen. Aber unsere Kinderfrau Augusta ist uns schließlich nur als Adjutantin beigegeben, und es kommt überhaupt nicht in Frage, daß wir ihr das Feld etwa allein überlassen.

Verstehen wir uns richtig: Sie ist schließlich nicht allein dafür verantwortlich, daß hier der Laden in Betrieb gehalten wird. Es sind am Ende wir, die – kraft unserer schwachen Händchen – für alles den Rahmen bereitgestellt haben und das fortwährend aufs neue tun. Es ist uns und nur uns allein zu danken, daß dieses Haus überhaupt steht und jedem Sturm trotzt. Sei es der Ernährungsplan unserer Kinder oder bloß der Kühlschrank, der wieder aufgefüllt werden muß (selbst wenn wir telefonisch durchs Kaufhaus nach Hause liefern lassen), sei es die

Feinstrumpfhose für Miriam oder die Faschingsmaske für Georg, der Schuster, die Wäscherei, der Klempner, die Kinderärztin oder der Elternsprechtag, den Jungen beim Judo einzuschreiben oder die Kinder an den Zug zu bringen, in dem sie mit der Schule in die Skiferien fahren, Sozialversicherung oder Zahnpasta, wir kümmern uns drum, wir, wir und immer wieder allein wir!

Ein altes Paar

Wie zur Zeit der Höhlenmenschen gehen wir auf die Jagd, und sie hütet den Herd. Sie versteht sich auf das, was wir lieber gar nicht wirklich können möchten: einen angebrannten Topf auszuscheuern, ein Hemd ohne eine falsche Falte zu bügeln und dieser ganze Kram, der eine perfekte Hausfrau ausmacht und den wir uns beizeiten entschlossen und ganz bewußt gespart haben (ausgenommen das Kochen – das bleibt *unser* Bereich, genau wie bei manchen Männern, die bei sich zu Hause sonst nichts geregelt bekommen). Wir bringen dafür die Technik nach Hause und führen die Innovationen ein: Tiefkühlkost und Mikrowellenherd, Bestellungen telefonisch ins Haus liefern lassen, Geschirrspülmaschine, Wäschetrockner und so weiter.

Wir müssen es dann doch wohl zugeben: Augusta und wir sind nach wenigen Monaten schon ein altes Paar, vereint in guten und häufig auch in schlechten Zeiten, eine dieser alten Ehen, in denen es lauter Angewohnheiten, befremdliche Ticks und gegenseitige Sticheleien gibt, die sich auf sattsam bekannte Weise in solchen Dialogen äußern:

Sie Wenn Sie in der Küche waren, muß ich anschließend erst mal den Herd saubermachen, bevor ich ihn wieder benutzen kann.

Wir Meinen Sie, dafür hätte ich Zeit? Wenn Sie wüßten, was ich an diesem Wochenende alles zu tun hatte . . . Haben Sie übrigens an Johannas Hemdknopf gedacht?

Wir bleiben also im Grunde nur wegen der Kinder zusammen. *Unserer* Kinder. Denn das ist der wahre Grund, der die Kinderfrau bei uns hält. Wir wünschen uns von ihr, daß sie zu den Kindern zärtlich und liebevoll ist, daß sie sie trösten kann (und triumphieren innerlich, wenn die Kinder am Ende doch lieber von uns in den Arm genommen werden), aber wir wollen, daß die Kinder ihre Kinderfrau Nanny, Tata oder meinetwegen Nounou nennen (und nicht Mami), und sie soll in der Lage sein, auch einmal Heftpflaster oder einen leichten Schlag mit den Fingerknöcheln gegen den Kopf zu verteilen. Alles in allem soll sie sie erziehen. Nach *unseren* Vorstellungen.

Die kleinen Ungeheuer haben an unserem Duell mit der Kinderfrau klammheimlich einen Heidenspaß, beispielsweise, wenn wir sie auf typisch ungeschickte Elternart fragen: »Wen mögt ihr lieber – Papa oder Mama?«, und sie antworten »Augusta!«, um nichts und wieder nichts, nur um uns zu ärgern.

Wir ertragen es nur schlecht (selbst wenn wir dazu kein Wort sagen), daß Florian seine ersten Schritte vor *ihr* macht und Jutta ihre Scholle bei ihr ohne mit der Wimper zu zucken aufißt, während sie sie sorgfältig wieder ausspuckt, falls wir sie ihr serviert haben, oder wenn

Christiane sich bei uns trotzig auf den Boden wirft und aus Leibeskräften brüllt (»Komisch, bei mir macht sie nie so was«). Glücklich die Väter, die nie erfahren werden, wie es ist, in unmittelbare Konkurrenz zu einer Kinderfrau zu geraten!

Wenn Augusta Masern hat

Nie springen uns ihre Vorzüge so ins Auge wie dann, wenn sie einmal krank ist, wenn eines Sonntag abends um einundzwanzig Uhr das Telefon den häuslichen Frieden stört und eine heisere Stimme Ihnen ankündigt, die Kinderfrau habe vierzig Grad Fieber und lauter rote Flekken, die sie schrecklich juckten (keine Erklärung nötig – Pascal hat sie mit seinen Masern angesteckt), und Ihnen mit einem Schlag der Himmel auf den Kopf fällt. Es genügt, daß ein einziger Mensch ausfällt, und schon fühlen Sie sich von aller Welt verlassen. Der Neue Vater? Hat sich längst aus dem Staub gemacht. »Du verstehst das sicher, Liebling, ich habe heute drei Termine, die ich unmöglich verschieben kann. Aber ich versuche, früh nach Hause zu kommen. Ach, das geht ja nicht, ich habe ja um neunzehn Uhr noch Lemercier, und wir haben den Termin schon vor einem Monat ausgemacht. Ähm – also, du, Küßchen, ja? Nur Mut! Ich ruf' dich an.« Es hilft auch nichts, wenn Sie ihn umgehend wissen lassen, daß Sie *Ihren* Lemercier bereits seit zwei Monaten warten lassen, denn der Neue Vater hat bereits in unzuverlässiger, dafür ungeheuer schneller Weise die Kurve gekriegt und ist weg.

Die Großmutter? Sie arbeit (siehe oben). Tanten, Nachbarinnen, Kusinen? Ja, kennen Sie denn welche, die direkt zur Verfügung ständen? Und der Babysitter-Service und ähnliche Studentenschnelldienste, die gegen Entgelt kleine Kinder beaufsichtigen, sind auch keine besonders praktikable Lösung. Hier läuft der Zähler so schnell, daß Sie für einen Tag Betreuung das auf den Tisch legen müssen, was Augusta in einer Woche verdient.

Sie sehen sich also dem völligen Horror gegenüber.

Bis sich für Sie dann beim hundertsten verzweifelten Anruf ein kleiner Hoffnungsschimmer am Ende dieses im übrigen sehr düsteren Tunnels zeigt, wenn eine gute Bekannte der Kinderfrau Ihrer Freundin Linda, die gerade nichts zu tun hat, weil irgendwo gestreikt wird, es in ihrer unermeßlichen Güte auf sich nehmen will, für einige Tage zu kommen, nur weil sie Ihnen damit einen Gefallen tun will.

Sie erscheint dann am nächsten Morgen um acht Uhr achtundfünfzig (Sie müßten längst unterwegs sein, weil Ihr erster Termin schon um Viertel nach neun beginnt) und stellt sich als unbedarfter Döskopp heraus, ein Mädchen, das, wenn sie schon einmal in einem früheren Leben auf Kinder aufgepaßt hat, daran sicher nur die ungenauesten Erinnerungen bewahrt. Ihnen wird sofort mulmig bei der Vorstellung, den unschuldigen kleinen Tobias in diese Hände zu geben (in der anderen Fassung wird diese Rolle von einem Mannweib gespielt, die schon beim Reinkommen übel drauf ist, Ihnen gleich zu verstehen gibt, daß sie Ihre Wohnung für einen Puff hält, und Ihnen womöglich noch verpaßt: »Wollen Madame mir vielleicht sagen, wo ich hier meine Dienstkleidung finde?«).

In einem wie dem anderen Fall sind sechs Monate gemeinsamen Lebens mit Augusta Angewohnheiten und Schrullen wie auf einen Schlag weggeblasen. Sie hatten sich aneinander gewöhnt, und vor Dankbarkeit haben Sie sie geliebt. Sie waren längst bereit zuzugeben, daß sie ohne sie nicht mehr leben konnten. Plötzlich bricht hier die Neue ein, der sie alles ruck, zuck! in zehn Minuten erklären sollen. Alles. Windeln und Putzmittel, Staubsauger und Tiefkühltruhe, die Anschrift der Schule und den Hustensaft für die Kleine. Und so, wie die Frau den Kopf schüttelt, ahnen sie schon das Schlimmste und sind einen Augenblick lang versucht, hierzubleiben. Aber nein – das geht einfach nicht. Ihr erster Termin hat schon begonnen, da wäre es zuviel verlangt, jetzt noch mit einer Notlüge zu kommen.

Sobald die Tür hinter Ihnen ins Schloß fällt, im Hintergrund die Schluchzer Ihres kleinen Tobias (auch wenn Sie aus Erfahrung wissen, daß er sich bald beruhigen wird), bilden sich in Ihrem Magen Schifferknoten, und Sie haben nur einen Wunsch: Der Tag sollte am besten schon wieder um sein. Ganz sicher werden Sie jede Stunde einmal anrufen, egal, unter welchem Vorwand, nur um festzustellen, ob die kleinen Engel überhaupt noch am Leben sind (schierer Zeitmangel und der letzte Rest Ihrer Selbstachtung halten Sie davor zurück, tatsächlich alle zehn Minuten anzurufen). Ihre Vorstellungskraft reicht mehr als dazu aus, sich die möglichen Katastrophen aufzuzählen: *Sie* hat vergessen, Rebekka von der Schule abzuholen, *sie* hat Tobias im Bad ertrinken lassen, hat ihn fallenlassen, oder der Kleine hat sich verbrüht, *sie* ist aus dem Haus gegangen und hat die Kinder vollkommen allein zurückgelassen ... was für ein Zirkus!

Schließlich kehren Sie nach Hause zurück, früher als

vorgesehen (Sie haben längst weiche Knie und Ihre letzten drei Termine schlicht sausenlassen), und dann – ja, genau – finden sie Ihre Wohnung noch dreckiger vor, als Sie sie sich vorgestellt haben, und Patrick trägt natürlich den Schlafanzug von Marie-Sophie, die wiederum ihren Anorak im Kinderhort »vergessen« hat (heute waren es draußen zehn Grad minus), und natürlich haben alle Kinder schwarze Hände und ungewaschene Haare und zum Abendessen »noch schönere kalte Spaghetti als von Augusta« gehabt, wie die undankbaren Kleinen auch noch fröhlich melden. Der achtzehn Monate alte Tobias hat den ganzen Tag lang nichts als Milch bekommen, obwohl doch Sie selbst diesen Morgen in aller Frühe sein Breichen vorbereitet hatten. Aber die Kinder haben überlebt und sind heil an Kopf und Gliedern und haben offenbar keinen dauerhaften Schaden davongetragen, und, was vielleicht ein noch größeres Wunder darstellt, morgen will Augusta wiederkommen, deren »Masern« wohl doch nur ein falscher Alarm waren.

Perlentauchen

Wenn sich hinter dieser Grippe nicht eine folgenschwere Geschichte verbirgt, sind Sie gut dran – keine ernster zu nehmende Krankheit, die zehn Tage, zwei Wochen oder einen Monat ohne Kinderfrau zur Folge hätte, und vor allem keine »diplomatische« Krankheit, die das Schlimmste bedeuten kann, was überhaupt möglich ist – nämlich daß die Kinderfrau aufhören will.

In so einem Fall geht sie einfach nach Hause zu ihrer Mutter oder noch schöner zu ihrem zukünftigen Ehemann, während Sie sich doch ein Jahr lang fast ein Bein ausgerissen haben, ihr beizubringen, wie sie Nudeln richtig kocht (die sie jetzt endlich so al dente hinkriegt, daß Sie selbst es nicht besser könnten), wie sie die Legosteine in die obere Schublade zu räumen hat und die ganzen anderen unersetzlichen Einzelheiten richtig hinbekommt, die dazugehören, daß bei einer mehrköpfigen Familie auch der Überblick erhalten bleibt. Monatelang haben Sie sich abgemüht, um ihr die Aufenthaltsgenehmigung zu besorgen, sind zwischen Ämtern und Botschaften hin und her gelaufen, haben mehrfach Essenseinladungen für ehemalige Freunde anberaumt, die als Beamte heute an den richtigen Stellen sitzen. Und sie geht plötzlich, einfach so, ohne den geringsten Anflug von Reue, oder doch? »Madame, die Kinder werden mir ganz bestimmt fehlen.« Und Sie? Werden Sie ihr etwa nicht fehlen?

So stürzen Sie sich also Hals über Kopf in die Suche nach einer Perle, diesem Geschöpf, das nicht weniger sagenhaft als der Schneemensch oder das Ungeheuer von Loch Ness zu sein scheint. Sie stürzen sich auf die Kleinanzeigen und auf die Pinnwand beim Bäcker mit ihren weißen Kärtchen, und Sie stürzen sich in lange vertrauliche Beratungen mit Freundinnen und Kollegen, um die Lage an der Stellenbörse zu studieren: Normandie (nach wie vor gut), Philippinen (ziehen kräftig an), Marokkanerinnen (sollen sehr gut kochen). Sehr gefragt ist neuerdings auch der Kindermann, vorzugsweise aus Sri Lanka, der, ohne sich wohl so recht darüber im klaren zu sein, für das Tüpfelchen auf dem i des Matriarchats sorgt. Da hütet dann der Handlanger und Hausmann den Herd und die Kinder, während die Frau hinaustritt ins feindliche Leben.

Wenn die Kinder einmal groß sind, wird immer noch Zeit für eine andere Lösung sein, etwa die Putzfrau für den Morgen und das Au-pair-Mädchen für den Abend. Mit der Putzfrau reduziert sich die Korrespondenz im Laufe der Zeit auf die einfachsten Grundbegriffe. Sie kommt, wenn wir schon lange aus dem Haus sind, und hinterläßt dort alles viel sauberer, als sie es vorgefunden hat, bevor wir noch von der Arbeit zurück sind. In dringenden Fällen unterhalten wir uns mit ihr am Telefon, doch unser bevorzugtes Mittel der Kommunikation werden die kleinen Zettel, die auf Dauer zu immer kürzeren und immer bündigeren Erklärungen werden: »Maria, bitte Geschirr spülen, Blumenwasser und Bettlaken wechseln, Salat und Gemüse waschen, Katzenklo saubermachen.« Die ebenso kurze wie aussagekräftige Antwort: »25 Stunden zu 35 Franc macht 875 Franc, merci vielmals, schönes Wochenende.«

Bei einem Au-pair-Mädchen haben wir es immer häufiger mit einem jener wunderbaren Geschöpfe zu tun, die aus den skandinavischen Ländern eingeführt werden und bei uns ganz schwer im Kommen sind. Für ein Zimmer im Obergeschoß und ein wenig Taschengeld wird sie gerne dazu bereit sein, die fünfzehn Monate alte Elsa im kalten Badewasser liegenzulassen und auf unserem Familientelefon eine Standleitung nach Stockholm zu schalten, Ihnen die Schuhe zu klauen, um damit in die Diskothek zu gehen, und um dreizehn Uhr mittags aufzustehen, weil sie die ganze Nacht getanzt hat. Obendrein wird sie ihnen gern und spöttisch-überheblich erklären, daß Kinder in Schweden viel freier erzogen werden, und sie wird das in einem Französisch tun, das sich nur mit Wohlwollen als stockend beschreiben läßt. Sie werden sich bei den gemeinsamen Mahlzeiten (die sie selbstverständlich mit Ihnen einnimmt) auch noch verpflichtet fühlen, sie bei jedem Fehler zu verbessern, schließlich ist die arme Kleine ja hier, um Französisch zu lernen.

So setzt sich der Reigen der Kinderfrauen und übrigen Pflegerinnen fort, und Sie werden bei diesem Tanz zu zweit nicht so bald ein Ende finden. Schmaler Trost. Bis Ihr Jüngster mit der Schule fertig ist, haben Sie höchstens noch zwei Jahrzehnte vor sich, bis Sie einmal alle Hilfskräfte los sein werden. Und dann – aber auch erst dann – werden Sie einmal tief Luft holen können.

Wenn Sie dann überhaupt noch Luft kriegen.

VII Unser Wochenende zu Hause

»Für die Familien von Berufstätigen ist es ganz wichtig, am Wochenende etwas gemeinsam zu unternehmen. Gemeinsam zur Kirche oder zur Großmutter zu gehen, ins Kino oder Besorgungen erledigen. All das ist der Stoff, aus dem später glückliche Erinnerungen werden.«

T. Berry Brazelton: *A ce soir* (Heute abend), 1986

Nur ein süßer Traum

Ratzen, knacken, ordentlich mal was wegschnarchen und pennen. Einfach schlaaafen! Einmal in der Woche, nur ein einziges Mal das Murmeltier spielen dürfen und ein zusätzliches Schläfchen von zwei Stunden einlegen, mehr brauchen wir ja nicht. Oder ein Mittagsschlaf, nicht einmal lange, dafür aber gründlich. Einfach nur einmal verschnaufen und willenlos und schlaff unter den Bettdekken verschwinden, als ob wir in einem Meer von Daunen untergingen. Einmal Gelegenheit haben, alles zu vergessen, was wir schon hinter uns haben und wieviel wir noch erledigen müssen.

Von ferne betrachtet, irgendwo aus der Mitte der Woche, hat das Wort Wochenende für die Superfrau immer noch einen magischen Reiz, ein Traumbild, eine Oase für unsere Wünsche, die wir in der ständig randvollen U-Bahn oder im Stau auf der Stadtautobahn hegen oder ganz früh am Morgen, wenn das Aufstehen so verflucht schwerfällt. Mit Lust erträumen wir uns dann zwei ideale Tage, wie sie in den Hochglanzzeitschriften in Szene gesetzt werden. Da beginnt der Samstag mit einem edlen Frühstück (»damit der Tag gleich gut anfängt«), mit Croissants oder einem duftenden Vollkornbrot, mit Honig und weichen Eiern und Orangensaft, alles wie im Hotel auf einem Silbertablett ans Bett serviert, von wo aus wir anschließend in ein ausgedehntes, entspannendes Schaumbad überwechseln, um uns schließlich mit Cremes zu bearbeiten, die wir lange und genüßlich einziehen lassen. Anschließend schlendern wir über den Flohmarkt, um ein kostbares Schnäppchen ausfindig zu machen, das sich in der Wohnung gut machen würde, oder am Ufer der Seine entlang, wo wir bei den antiquarischen Buchhändlern unsere Sammlung klassischer Kriminalromane vervollständigen. Oder wir sehen uns die neue Kunstausstellung im Beaubourg an oder eine Kinovorstellung am späten Nachmittag, bevor der abendliche Andrang erfolgt, oder wir leihen uns auf Kassette einen schönen alten Western aus und setzen uns mit dem Essen vor den Fernseher, während wir am anderen Tag lange ausschlafen können und nichts vorhaben, als im Wald frische Luft zu schnappen.

Sehnsüchte sind das, nichts als unbestimmte Sehnsüchte ... So ein Wunschprogramm war vor vielen Jahren vielleicht einmal im Bereich des Möglichen, als wir uns noch um nichts zu kümmern hatten als um uns selbst und unsere Katze (sowie einige männliche Freunde). Heute haben sich die Zeiten gründlich geändert und wir uns mit ihnen, und das traumhafte Wochenende stellt sich normalerweise eher als Alptraum heraus. Ab Samstag früh im Morgengrauen darf die Superfrau bereitstehen in Trainingsanzug und Laufschuhen, um sich für einen harten Dauerlauf über die zwei nächsten Tage bereitzuhalten.

Einmal nur würden wir gerne alle Dinge sanft und entspannt geregelt bekommen, ohne Zeitdruck und Gehetze, und uns damit vergnügen, den eigenen Mann als Liebhaber zu nützen oder achtundvierzig Stunden lang ein wenig von den fünf Tagen nachzuholen, in denen wir unsere Kinder kaum zu Gesicht bekommen haben (was die uns jetzt heimzahlen), oder ins Kino verschwinden (wenn wir einen Babysitter zu fassen kriegen) und zeigen, daß wir trotz alledem ein geselliger Mensch sind und an die famose Partie *Trivial Pursuit* mit unseren Freunden anknüpfen, oder uns auf die liebe Tour mit allen fünf Mitgliedern der Familie bei unseren alten Eltern zum Essen einladen.

Ausruhen? Wer hat hier was von Ausruhen gesagt?

Aber die Sonntagsruhe existiert nur in unserer Phantasie, denn falls sie wirklich einmal einsetzt, dann nur als die Ruhe vor dem Sturm, der dann noch wilder tobt als sonst. So heizen wir also mit Volldampf voraus, obwohl wir eigentlich starke Lust hätten, auch einmal vor Anker zu gehen. Doch haben wir überhaupt eine Wahl? Das Wochenende ist der einzige Zeitpunkt in der Woche, an dem wir einmal die Zügel in die Hände nehmen können, um ganz in unserer Rolle als Hausbesitzerin und alleiniger Herrin an Bord aufzugehen.

Wir werden uns auch kaum die goldene Gelegenheit entgehen lassen, ein Gastspiel in der Rolle der erfüllten Hausfrau zu geben. Was eigentlich nur ein beschönigender Ausdruck ist für blanke Hysterie von Samstag früh um acht bis Sonntag abend, dreiundzwanzig Uhr. Denn nach einem zweitägigen »ruhigen Wochenende« fühlen wir uns regelmäßig noch zerschlagener und fahren noch schlimmer auf den Felgen als nach fünf Tagen im Büro. Uns ist dann mehr »daneben« zumute als einem Ball, den Boris Becker wieder mal ins Aus geschlagen hat. Wir fühlen uns kleingehackter als das zarte Lammfilet, das wir für unser Baby durch den Krups gedreht haben. Es wird sich erst dann wieder einigermaßen aushalten lassen, wenn wir am Montag im Büro Gelegenheit bekommen, ein bißchen Luft zu schnappen. Denn am Wochenende will ja nicht nur unser Bedürfnis nach Familienleben und einer ganz legitimen Geselligkeit gestillt sein, wir haben dann auch eine Liste reiner Haushaltsaufgaben zu erledigen. Das Einkaufen und das Kochen und die drei oder vier Besorgungen, die sich nun beim besten Willen nicht mehr aufschieben lassen (wir brauchen unbedingt eine neue Klobrille), mit dem Staubsauger einmal richtig in die Ecken zu gehen und die neuen Vorhänge anzubringen, die schon seit einem halben Jahr unten im Wandschrank liegen, oder diese drei Bilder endlich aufzuhängen. Schließlich muß auch einmal gründlich aufgeräumt werden, weil unsere Superkinderfrau dafür wieder keine Zeit gehabt hat. Wie gern wir das haben: von dem Genuß, die Wintersachen wegzuräumen, bis zu der Freude, dafür das – ganz zerknautschte – Sommerzeug einzuräumen. Hinzu kommen unsere eigenen Vorhaben, sei es ein fachlicher Text, der eigene Roman oder eine Bilanz, die es zu studieren gilt. Es gibt lauter Dinge, zu denen wir neben unserer Sechzigstundenwoche einfach nicht gekommen sind: Bücher, die wir lesen wollen, Zeitschriften, die wenigstens angeblättert sein wollen, wenn wir mit der Wirklichkeit Verbindung halten möchten (klar, ein Nachrichtenmagazin ist unerläßlich, gezwungenermaßen auch *Le*

Monde und sicherlich die Frauenzeitschriften, die uns die glorreichen Perspektiven eröffnen, was wir noch alles kaufen dürfen, bevor unsere Sommergarderobe komplett ist). Dann sind da Versandhauskataloge von »Ikea« bis »Otto«, die wir mit Vorrang behandeln (dabei gehen mindestens drei Stunden hin). Und wir haben diverse private Telefongespräche zu erledigen (»Hallo, Gabi?«, »Hallo, Linda?«, »Hallo, Isabelle?«). Nicht zu vergessen – es haben sich da auch ein paar Videokassetten angehäuft, bei denen wir uns eigentlich geschworen hatten, sie anzuschauen (irgendwann einmal . . .). Kurzum, wir laden uns für das Wochenende viel zuviel auf, wie uns das auch sonst zur dummen Angewohnheit geworden ist.

Und wenn Sie keine Kinder haben? Darauf kommt es dann auch nicht mehr an. Es kann gut sein, daß just zu allem Überfluß ein anspruchsvoller Kongreß fällig wird, der Ihnen zwei Tage lang sämtliche Kräfte absaugt, so daß auch Sie montags einigermaßen scheintot zur Arbeit kommen. Oder Sie haben Kunden aus Südkorea, die Sie ausführen sollen: Auf die Weise fangen Sie dann zwei Fliegen mit einer Klappe – Sie verderben sich den ganzen Samstagabend, weil sie sich zu Tode langweilen, und Sie überwerfen sich bei dieser Gelegenheit noch mit Ihrem Ehemann. Es ist also gar nicht schwierig, noch tausend Beschäftigungen zu finden, die unser hochheiliges Wochenende so erschöpfend machen wie zwei Tage Steineklopfen im traurigsten Arbeitslager von Cayenne, wo bekanntlich der Pfeffer wächst.

Ja, und die Frauen mit Kindern? Für sie wird das Wochenende zu einer mit schwerer körperlicher Arbeit verbundenen Freiheitsstrafe. Um alles geregelt zu kriegen, fehlt uns jetzt die Superkinderfrau, die sich einen oder zwei Tage Ruhe verdient hat. (Einige Mütter treiben das Verbrechen so weit, daß sie sich auch noch eine Kinderfrau für das Wochenende engagieren, was gewiß katastrophale Folgen hat für das ohnehin strapazierte Gewissen, sich aber immerhin ausgezeichnet auf das Schlafdefizit auswirkt. Gewissenhaftere oder wagemutigere Mütter bestellen die Hilfe nur für den Samstag, um wenigstens an einem Morgen das Ausschlafen nachzuholen, das wir alle ständig planen.)

Vor allem die Mütter von Kleinkindern und Säuglingen sind zermürbt, weil ständig alte Hits neu aufgelegt werden wie »Schlaflose Nächte wegen einer Mandelentzündung« oder »Die Viertel-vor-sieben-Flasche ist fällig«. So kommt es dann, daß wir, die wir nun doch schon recht wach sind, diesen ständigen Traum von einer stillen Ecke hegen, in der wir (ein wenig) den himmelweiten Abgrund der Stunden überwinden können, die uns an Schlaf fehlen: mit einem zusätzlichen Schläfchen. Doch die Aussichten, an irgendeinem Wochenende einmal auf unsere Kosten zu kommen, sind verschwindend gering.

Sicher ist richtig, daß prinzipiell ja unser geliebter »Neuer Mann« da wäre, um uns ein wenig Luft zu verschaffen. Aber zwischen seiner hochheiligen Partie Tennis Samstag früh und dem Fußballspielen mit den Freunden nachmittags im Hofgarten, Aufgaben von der Sorte, den Wagen zur Reparatur zu bringen, die Schlafzimmerfenster gegen Luftzug abzudichten oder die Regale im Badezimmer aufzustellen (immerhin liegen wir ihm deshalb schon seit einem Monat in den Ohren), und hier noch nicht eingerechnet seine Lektüre von *Le Monde*, besonders aber der Fernsehbeilage, bleibt ihm ja gar nicht viel freie Zeit, um uns noch so zu helfen, wie er das eigentlich *müßte*. (Wenn er einkaufen soll, macht er sich außerdem genau dann auf den Weg, wenn die Geschäfte schließen.) Und letzten Endes hat unser armer Schatz ja auch die ganze Woche gearbeitet und fühlt sich *wirklich* ausgelaugt.

Aber seien wir ihm gegenüber gerecht: Es kommt durchaus vor, daß er sich auch einmal mit seinen Kindern beschäftigt. Dann nimmt er es auf sich, dem Kleinen die Vier-Uhr-früh-Flasche zu verpassen, dem Großen sein Paar Rollschuhe zu reparieren oder mit David ins Kino zu gehen, um sich »Roger Rabbit« anzusehen. An schönen Tagen findet man ihn auch im Hofgarten, wie er sportlichen Schritts den Kinderwagen bugsiert (hier gibt es einen Spielplatz, wo er bei den Müttern und den Au-pair-Mädchen einen Bombenerfolg hat, den er schamlos steuert, indem er unseren unschuldigen Florian kaltblütig dazu anstiftet, dem kleinen Mädchen mit den vielen Locken den Luftballon zu zerstechen, weil er mit seiner hübschen Mama ins Gespräch kommen will). Oder er bringt in einer zackigen Stunde ein Programm wie ein Zehnkämpfer hinter sich: albert mit den Kindern, macht ihnen Tiere vor, schaukelt und wippt mit ihnen, scheucht mit ihnen die Enten am Teich auf, fährt mit ihnen Fahrrad oder spielt mit ihnen Fußball und so weiter und so fort. So bekommt er ein für allemal einen mordsmäßigen Schlag bei den kleinen Ungeheuern.

Auf diese Weise hat er sich mit den Kindern klug arrangiert. Er darf also – wenn er denn willens ist – mit ihnen aus Legosteinen Burgen bauen, endlos Quartett oder Ball spielen oder gemeinsam »unter Männern« die Sportschau sehen oder Comics verschlingen.

Für uns bleibt immer noch genug übrig: mit den Kleinen in Bilderbüchern zu blättern und mit ihnen Lachkrämpfe durchzustehen, wenn sie sich auf dem Boden herumwälzen, ganz zu schweigen von den Puppen, die erst an- und dann wieder ausgezogen werden müssen. Und dann ist da noch der Topf, in dem wir für den Kuchen sorgsam Schokolade geschmolzen hatten und den wir von zwei anonymen Schlemmermäulchen ausgeleckt vorfinden, das Gequengel »Mal mir doch ein Haus!« und »Gib mir Dorothes Platte!«, Küßchen und Geschmuse und endlich selbst die Fortschritte, die wir in Augenschein nehmen, nachdem sie uns Augusta schon angekündigt hat. Es stimmt, Georg kann jetzt »Mama« sagen (endlich, nachdem er schon seit zwei Monaten »Papa« sagt), Rebekka kann ihren Namen schon fast ohne Hilfe schreiben, und Angelika knöpft sich schon selbst die Hose zu. Wenn uns dann manchmal zum Weinen zumute ist, dann glücklicherweise auch vor Freude über solche Augenblicke. Sie sind es letztlich, die den ganzen Reiz dieser zwei Tage ausmachen, an denen wir im Rhythmus unserer geliebten Lockenköpfchen leben.

Bin ich vielleicht Knecht Ruprecht?

Sobald es schwierig wird, verflüchtigt sich der Neue Vater merkwürdigerweise spurlos, und das sehr gekonnt, wie wir anerkennen müssen. Alles klappt, solange es darum geht, gut gelaunt miteinander zu spielen, zu lachen oder fröhlich zu sein und zu balgen. Aber wenn es nötig wird, die Stimme zu heben, unterbricht er die Verbindung, und wir bekommen keinen Anschluß mehr unter seiner Nummer. Wo ist der Typ des strengen Vaters geblieben? Wenn es Zeit wird, Knecht Ruprecht zu spielen und mit der Rute zu winken, sind wir auf uns allein gestellt: »Räum dein Zimmer auf!«, »Du ißt jetzt deine Suppe!« und »Putz dir gefälligst die Zähne!« Wir sind es auch, die das entsprechende Gebrüll und Zähneknirschen ernten und an uns abprallen lassen müssen. Eigentlich haben wir überhaupt keine Lust, am Wochenende auch noch ständig die Spielverderberin zu sein. Wir würden es bei weitem vorziehen, die Kinder zu verwöhnen, ihnen eine Freude zu machen und es einfach zu genießen, mit ihnen zusammenzusein. Aber die mustergültige Mutter, die in jeder von uns schlummert, gewinnt schnell die Oberhand – schließlich dürfen wir die Erziehung unserer Kinder nicht den anderen überlassen. Um so mehr, als wir verblüfft entdecken, daß dieselben Kinder, die sich unter der Woche bei Augusta so zu benehmen wissen, daß sowohl die Kinderfrau wie die Großeltern unaufhörlich des Lobes voll sind, in Wirklichkeit aus dem Holz sind, aus dem Strolche gemacht werden – sobald wir mit ihnen allein sind. Keine Frage, daß der Dauerlauf für uns weitergeht.

Am Wochenende kneten uns unsere Kinder nach Belieben durch und lassen uns hundertfach spüren, was sich da in den fünf vorhergegangenen Tagen im Übermaß angesammelt hat. Das drückt sich mal in Schreien, mal in Zischlauten aus, immer am extremen Rand des menschlichen Hörbereichs. Auf diese Weise kommt es immer zu den ewig gleichen Auseinandersetzungen, die mit der ersten Stufe beginnen – dem Kräftemessen. Da steht dann unser autoritär betontes »Jetzt ab mit dir ins Bett!« gegen neunundneunzig Zentimeter Trotz. Auf der zweiten Stufe folgen die Drohungen. Unser klassisches »Du kriegst gleich eine Tracht!« pariert das kleine Ungeheuer mit dem nicht weniger üblichen »Ist mir ganz egal!« Auf der dritten Stufe folgt die Ausführung der angekündigten Vergeltungsmaßnahmen. Der kleine Märtyrer verdoppelt dabei die Lautstärke seiner Schreie (was für ein Glück, daß sich die Nachbarn nicht einmischen!) und findet zwischen zwei Schluchzern noch die Kraft, uns zu verhöhnen: »Tut nicht weh, tut nicht weh!« Nach dem Abschluß dieser Szene stürzen wir uns mit klopfendem Herzen auf unser bevorzugtes Buch über den Umgang mit Kindern, um noch mehr Öl ins Feuer unserer eigenen Schuldgefühle zu gießen. Die Kommentare aus dem Publikum reichen von der Großmutter, die sich nichts entgehen läßt (»Das ist doch ganz verständlich, die armen Kinder sind ja die ganze Zeit ohne dich«), bis zum Großvater (»Sie stellt es falsch an mit den Kindern, da geht ja die ganze Autorität verloren«). Es ist doch wirklich verrückt, daß gerade aus den Großeltern solche bemerkenswerten Pädagogen geworden sind, seitdem sie sich nicht mehr mit den eigenen Kindern beschäftigen müssen.

Wir haben unsere Rolle als Knecht Ruprecht also gründlich satt und wünschen uns eigentlich nur Frieden, eine Familie, deren Mitglieder gelöst und harmonisch miteinander umgehen und bei Tisch das Brot genauso miteinander teilen wie draußen das Vergnügen an einem (hoffentlich gesunden) Zeitvertreib – einem sonntäglichen Waldspaziergang oder dem Besuch zum Tee bei der alten Tante Paula.

Oder bin ich etwa ein Taxi?

Das ist ja wohl alles nichts weiter als ein schöner Traum, gerade in bezug auf unsere älteren Kinder. Denn wenn sie erst einmal die gräßliche Trotzphase hinter sich haben, sind sie wohl weniger anstrengend, aber ihre Ansprüche lassen deshalb noch lange nicht nach. Sie steigen eher noch. Die Kinder kommen in ein Alter, in dem sie ihr Leben ohne uns führen können – unter der Bedingung, daß wir für sie das Taxi spielen. Wir sind hier mehr als bloß Chauffeure. Uns fällt regelrecht die Aufgabe von Fluglotsen zu – allerdings unter Arbeitsbedingungen, unter denen die Angestellten im Kontrollturm eines internationalen Flughafens wahrscheinlich längst hätten einpacken müssen.

Obendrein haben größere Kinder auch mehr Schulaufgaben: Philipp soll einen Aufsatz abliefern (»Versuche zu beschreiben, wie du einmal Scham empfunden hast«), Hanna dagegen ein Referat (»Aber Mama, du hast mir versprochen, daß du mir das Börsenwesen erklären willst« – Frag doch deinen Vater! – »Aber der hat doch von so was null Ahnung!«). Auch uns selbst werden ganz unumgängliche Sonderaufgaben aufgegeben: Da müssen Schuhe gekauft oder der Zahnarzt besucht werden. Wir müssen eine fast nicht mehr in Griff zu kriegende, unüberschaubare Vielzahl von Aktivitäten organisieren.

Ballett, Klavierstunden, der Geburtstag der besten Freundin, der bei McDonald's gefeiert werden soll, Tennisstunden, »Kinder malen im Museum« oder der Kinobesuch für die »Abenteuer des Baron Münchhausen« – wir sind es, die sie von einem Ort zum anderen kutschieren, immer ein Auge fest auf das Zifferblatt unserer Uhr gerichtet, denn unsere lieben Engelchen sollen ihre Unabhängigkeit und ihren Freundeskreis ja auch genießen können. Wir waren es ja, die im Lauf der Zeit die Liste ihrer Steckenpferde immer mehr verlängert haben, damit sie besser Gelegenheit fänden, sich »zu entfalten« (*das* wenigstens ist uns gelungen). Die furchtbare Idee, daß sie mal fünf Minuten ganz allein, ohne ein schwachsinniges Programm verbringen könnten, ist uns anscheinend nicht in den Kopf gekommen.

Wir haben sie also genügend geschubst, daß sie jetzt Geige spielen können oder im Judo den schwarzen Gürtel anpeilen. Endlich ernten wir die langerwarteten Früchte unserer Geduld. Jessica ist also nicht nur die Beste in Sport – außerdem natürlich die Erste in der Klasse –, sondern alle Samstage und häufig noch am Sonntag dürfen wir unsere Zeit damit verbringen, mit ihr kleine Orte in der entfernteren Provinz anzusteuern, deren Namen wir vorher noch nie gehört haben, wo sich die Meisterschaften für die ganz Kleinen abspielen, etwa irgendein Pokal für das Herumturnen auf dem Schwebebalken vergeben wird. Ganz offensichtlich sind wir darüber sogar recht stolz, es gibt allerdings auch gar keine Möglichkeit, wenigstens einmal ein Turnier auszulassen – wir würden sofort als Rabenmutter beschimpft.

Unterdessen sind wir auch dafür zuständig, daß Christiane zu ihren Flötenstunden gefahren wird. Sie mache Fortschritte, muntert uns ihr Lehrer auf, sie sei sogar recht begabt. Hätten wir das Herz, die liebe Kleine wieder abzumelden, wo jede halbe Stunde Unterricht bloß zweihundert Franc kostet? Wohl kaum, selbst wenn die Anfangszeiten sich nur sehr schlecht mit unserem eigenen Terminkalender vertragen. So sind wir dann Samstag um neun Uhr morgens mit ihr unterwegs zum anderen Ende der Stadt, weil ein anderer Lehrer überhaupt nicht in Frage käme – schließlich war die Suche nach ihm aufreibend genug, der Beste (lies: der Teuerste) seines Fachs.

Glücklicherweise ist unser Jüngster, Daniel, der mit seinen sechs Jahren bereits als kommendes Talent im Fußball gilt, noch nicht alt genug, um auf Feten zu gehen. Aber mit seinen sechs Jahren steckt er voll im Rummel der Kindergeburtstage. Seitdem er drei Jahre alt ist, fahren Sie ihn regelmäßig jeden zweiten Samstag zu einem anderen Kindergeburtstag. Es ist schier unglaublich, wieviel Freundinnen und Freunde Daniel bereits hat, die alle jedes Jahr Geburtstag haben. Von den Mitbringseln gar nicht zu reden, die jedesmal fällig sind. Haben wir ihn dort abgeliefert, haben Sie zwei Stunden Pause, die Sie sofort gewinnbringend einsetzen, um Daniels Schwestern zu ihren Freundinnen zu bringen, die in genau entgegengesetzter Richtung wohnen. Haben Sie diese Route erst einmal abgefahren, fahren Sie sie auch wieder zurück, und der Nachmittag ist bereits gelaufen.

Wann sind Sie soweit, daß Sie die Nase voll haben? Dann, wenn Sie wieder mit dem Frondienst an der Reihe sind, der einmal im Jahr fällig wird (multiplizieren Sie das mit der Zahl Ihrer Kinder, und Sie erhalten die genaue Anzahl der Samstage, an denen Sie Frondienst haben). Denn das »Hoch soll sie leben, dreimal hoch!« ist für *Sie* kein Spaß. Sie gehen es methodisch, präzise und wissenschaftlich an, um nichts dem Zufall zu überlassen.

Am Tag X fehlt es weder an Girlanden noch an Konfetti, alles um den Preis von purem Gold in schicken Spielwarengeschäften erstanden, die extra für Supermamas Ihres Schlages geschaffen wurden. Wenn Sie so ein Geschäft verlassen, sind Sie wirtschaftlich ruiniert, halten dafür aber eine Papiertüte in der Hand, auf der in krummer Nostalgieschrift eine Geschäftsbezeichnung wie »Spiel-Raum« oder »Rübezahl« steht und die gefüllt ist mit Mickymaus-Servietten und winzigen Spielzeugen und Scherzartikeln für die eingeladenen Kinder. Die blasierten Ungeheuer werden sie garantiert mit Verachtung strafen.

Wenn Sie dabei auch nicht gerade zur Masochistin geworden sind, haben Sie mit einigem Spaß an der Freud' alles eigenhändig vorbereitet: das Topfschlagen und das Sackhüpfen und das Spiel, bei dem sich alle schminken dürfen (ein Spiel, das unauslöschliche Spuren auf Ihrem Teppichboden hinterlassen wird). Für den Fall, daß die Kinder einmal fünf Sekunden unbeschäftigt sein könnten, liegt im Videorecorder ein Disney-Film parat. Auf dem Tisch, der bereits mit jeder Menge Muppet-Babys und Masters of the Universe dekoriert ist, haben Sie einen Imbiß vorbereitet, an dem selbst Obelix sich überfressen würde. (Der Löwenanteil wird übrigbleiben.) Da gibt es süße Brötchen und kleine Schoko-Croissants, dick mit Nutella beschmierte Stullen und Orangensaft, Cola ohne Koffein und ganze Beutel von Milky Way und Mars, dazu Gummibärchen und ein Haufen viel zu süßer Bonbons, wie Sie sie normalerweise ihren Kindern streng verbieten würden, die Sie sie heute praktisch zu essen zwingen, weil Sie so sehr möchten, daß das Ganze ein Erfolg wird. Gekrönt wird alles von der Geburtstagstorte, schön weich und schön klebrig und leicht zu zerdrücken, die ganz unvergeßliche Erinnerungen auf dem hellgrauen Sofa in Ihrem Wohnzimmer hinterlassen wird.

In der ersten Viertelstunde ist alles eitel Freude. Die Kinder sind liebenswürdig, und ihre Eltern sind gerade wieder gegangen. Und dann, ohne daß wir genau verstehen, warum, setzt das unbeschreibliche Grauen ein, als ob das Ende der Welt gekommen wäre. Mit einem Mal haben Sie jede Kontrolle verloren, obwohl Sie sich zur Verstärkung noch ein Mädchen zum Babysitten haben kommen lassen. Sie haben keinen Einfluß mehr auf ihren Sohn, der sich strikt weigert, den anderen auch nur eines von seinen Spielzeugen auszuleihen, und Sie stehen machtlos den zwei kleinen Teufeln gegenüber, die sich auf den Etagenbetten prügeln (am liebsten auf dem oberen). Weder gelingt es Ihnen, den schluchzenden kleinen Kevin zu beruhigen, der einen Schluckauf hat und gleichzeitig verzweifelt nach seinem Papa ruft, noch können Sie etwas dagegen tun, daß das niedliche blonde Mädchen dabei ist, sich auf dem Teppich in Ihrem Arbeitszimmer zu übergeben.

Der Neue Vater, der sich von vornherein nicht für die

Zwergen-Fete erwärmen konnte, hat nun seine liebe Mühe und Not, seinen Verpflichtungen nachzukommen. Er nimmt am Ende Reißaus und zieht sich in sein Zimmer zurück, wo er sich ein Fußballspiel ansieht, ohne Ihre flehentlichen Bitten um Unterstützung noch zu beachten.

So vergeht der ganze Nachmittag, als schauten Sie sich ein Horrorvideo im Schnelldurchlauf an, und doch erhaschen Sie ab und zu ein Bild, das Sie bezaubert: wenn Ihr kleines Küken seine sämtlichen sechs Kerzen auspustet, begleitet von einem wackligen Chor von »Hoch soll sie leben, dreimal hoch!«, oder wenn sich das niedliche blonde Mädchen in Ihren Arm schmiegt und Ihnen zuflüstert, sie möge Sie lieber als ihre eigene Mami. Sobald die letzte Göre zur Türe hinaus ist, nicht ohne sich umzudrehen und sich mit gellenden Rufen von »Zickezacke, Hühnerkacke!« zu verabschieden, schwören Sie sich, daß Sie sich niemals wieder auf so ein Fest einlassen werden ... zumindest bis zum nächsten Jahr.

Es gibt natürlich jetzt auch so kleine Firmen, die sich auf die Veranstaltung von Kindergeburtstagen spezialisiert haben, wo junge Leute, die eigentlich weniger charmant als busineßmäßig an die Sache herangehen, sich teuer dafür bezahlen lassen (ein halber Nachmittag für tausend Franc), daß die lieben Kinder das machen können, was sie im Kindergarten während der Woche sonst gratis bekommen – Lieder, Spiele, Abzählreime, zusammen malen, sich verkleiden oder Kasperletheater schauen.

Sind die Kinder einmal zehn Jahre alt (ja, so verfliegt die Zeit!), steht Ihnen eine ganz andere Art der Vergnügung ins Haus: die Feten. Sie sind eigentlich gar nicht mal so anders als Ihre ersten Feten (mit dem kleinen Unterschied, daß Ihr Vater Sie mit sechzehn zum ersten Mal auf eine Fete hat gehen lassen). Da haben die Kinder also die Jalousien heruntergelassen und spielen bei gedämpftem Licht ihre Hits und ruinieren damit Ihren Plattenspieler, auf dem Sie normalerweise behutsam Ihre Billy-Joel-Platten auflegen oder Ihre alten Stones-LPs (ja, Mick Jagger hat die Vierzig auch längst hinter sich gelassen).

Der Tag kommt mit Sicherheit, an dem Sie erschreckt entdecken werden, daß die kleine Johanna, Ihr Nesthäkchen, die so schnell groß geworden ist, ihren ersten »Freund« hat. Was will sie bloß mit diesem kleinen Schnösel (»In Mathe ist er der Beste«, erläutert Ihre Tochter stolz), außer Fotos von irgendwelchen Pop-Miezen zu tauschen, die die beiden wahrscheinlich aus »Bravo« oder »Poprocky« ausschneiden? Sie hüten sich natürlich davor, den Kleinen das zu fragen, um so mehr, als Sie seine Mutter abscheulich finden. Die Person hat überhaupt kein Niveau. Jedenfalls nicht Ihres. Und dann wird Ihnen auf einen Schlag klar, daß da aus Ihnen die langen Jahre sprechen, die seit Ihrer ersten Fete vergangen sind.

Und das ist erst der Anfang. Denn sosehr die Kinder auch ihre sogenannte Selbständigkeit entwickeln, bedeutet das für Sie noch lange nicht, daß Sie sich weniger Sorgen zu machen bräuchten. Sollen Sie Corinna die Pille schon mit zwölf oder erst mit dreizehn Jahren geben? Was, wenn Achim sich nicht nur einen Irokesenhaarschnitt zulegt, sondern ihn auch noch leuchtend grün färben möchte? Sollten Sie wirklich zulassen, daß Paul mit diesem Freund herumläuft, der sich im Nacken so ein Schwänzchen Haare hat stehen lassen und im rechten Ohr zwölf Ringe festgeknapst hat? Gar nicht zu reden von den schlaflosen Nächten, die Sie von Samstag auf Sonntag verbringen, nicht weniger lang als damals, als die Kinder noch Säuglinge waren, Nächte, in denen Sie auf das geringste Mofa-Geräusch lauschen werden, das Ihnen anzeigt: Die Kinder sind wohlbehalten zurück im Schoß der Familie.

Mama: Mampf, mampf, schluck, schluck

Wie würden wir denn im Grunde genommen das Wochenende überstehen, wenn wir nicht unsere kleinen Lockenköpfchen hätten? Wir würden uns viel zu sehr langweilen. Berufstätig oder nicht, wir sind schließlich nur zur Welt gekommen, um für unsere Kinder zu sorgen, sie zu unterhalten und sie zu erziehen, vor allem aber, um sie zu füttern. Wir haben nur das Wochenende, um Ihnen den unvergeßlichen Geschmack von Mutters Küche einzuprägen, den sie nie vergessen werden und der später dazu führt, daß manch einer auf der Suche nach einer verlorenen Madeleine ein Meisterwerk schreibt, Erinnerungen, die das Leben Ihrer zukünftigen Schwiegertochter vergiften werden, sobald Ihr kleiner Rudolf einmal groß genug sein wird, um seiner Frau zu verpassen: »Deine Chicorée mit Schinken sind nicht schlecht, aber weit davon entfernt, wie meine Mutter sie hingekriegt hat.«

Die Mutigsten unter uns (oder die Tollkühnsten) wollen am Wochenende statt der Babynahrung, wie sie die Kleinen die Woche über bekommen, ihre Babys (denen das im Grunde genommen ziemlich gleichgültig ist) mit köstlichen kleinen Gerichten verwöhnen. Deren Rezepte stammen von eingebildeten Köchen, die leider überhaupt nichts davon verstehen, worauf Kinder so Appetit haben. In jeder ambitionierten Küche finden sich heute solche durchgestylten Kochbücher für Kinder, die verlockende Titel tragen wie »Meine Kinder mache ich zu Gourmets«. Die Verfasser klären uns lang und breit darüber auf, daß wir überhaupt keine Ahnung davon hätten, wie wir unsere Kinder gesund ernähren, und daß wir durch unsere Fehler riskierten, daß sie mit drei Jahren schon Übergewicht haben, mit fünf vor dem Infarkt stehen und, was noch viel schlimmer ist, einen völlig verdorbenen Geschmack haben werden. Lassen wir uns also ein auf »Zwei Portionen Lachs mit drei Sorten Püree: frischer Spinat, Gurke und Sellerie« oder – warum nicht – »Pudding von Auberginen mit geschälten und passierten Tomaten«. Als ob die kleinen Ungeheuer die edlen Gemüse, dazu bestimmt, ihren Gaumen zu verfeinern, nicht im Handumdrehen wieder auskotzen würden, um lauthals nach Spaghetti, Pommes frites und vor allem Ketchup zu brüllen!

Andere verfeinern den Grad der Schwierigkeit noch und kochen mit aller Gewalt Kalbsragout, Hühnchen und weiß der Teufel was, um alles dann einzufrieren, weil »meine Süßen nur das zu essen bekommen, was ich koche« (soll heißen, weder Augustas Küche noch die Kantine in der Ganztagsschule sind gut genug). Zum Schluß gibt es noch die Erbsenzählerinnen, die die Woche haargenau disponieren: »Dienstag und Freitag Fisch, Montag und Donnerstag Fleisch, an den Abenden entweder Gemüsesuppe oder Eier . . .« Dabei achten Sie noch genau darauf, »Ernährungsfehler« zu vermeiden.

Das alles geschieht natürlich zu dem mehr oder weniger offensichtlichen Zweck, sich bei Tisch bemerkbar zu machen, obwohl wir die Woche über gar nicht dabei sind. Hier äußert sich der typische Komplex von Müttern, die eben nicht den ganzen Tag bei ihren Kindern sind und die unter dem Gefühl leiden, niemals wirklich genug getan zu haben. Selbst weniger betriebsame oder begabte Mütter strengen sich auf diesem Gebiet besonders an, damit ihre lieben Kleinen beizeiten lernen, was guter Geschmack ist – im Feinkostgeschäft an der Ecke kaufen sie echten Knochenschinken oder besorgen Fleischpasteten und herzhafte Geschichten nach Hausmacherart.

Gutbürgerliche Küche

Ein Muß für das Wochenende bleibt wie eh und je das richtige Kochen und stilvolle Essen. Das fängt mit dem Einkaufen an. Es sollte nicht auf einfallslose Weise übers Knie gebrochen werden, womöglich auf die schnelle Tour, wenn im Supermarkt mal abends länger geöffnet ist. Gerade noch erlaubt dagegen ist es, die Sache vom Büro aus telefonisch fernzusteuern, was bisweilen jedoch zu erstaunlichen Dialogen führt, wenn unsereins gerade aus einer geschäftlichen Besprechung kommt: »Sie liefern uns doch unsere Bestellungen ins Haus? Hören Sie, wir waren uns vertraglich einig geworden, daß Sie mir unter gar keinen Umständen mehr lila Klopapier liefern würden. Ich habe von dem Zeug jetzt schon über dreißig Rollen da stehen, und ich finde sie schrecklich.« Welche Superfrau wäre insgeheim nicht dazu bereit, dem Erfinder des Tiefkühl-Heimservice ein Denkmal zu errichten (den unermüdlichen Lieferanten durch Tiefkühlung haltbar gemachter frischer Gemüse) und am besten noch eins daneben für seine rechte Hand, den Erfinder des Mikrowellenherds?

Aber wir wissen natürlich, daß es sich gehört, richtig einzukaufen. Nämlich in den kleinen Geschäften in unserem Viertel, wo es ordentliches Brot und frische Nudeln gibt, feine Käse, exotisches Obst und diverse Gemüse. Wir kaufen unser Fleisch gern bei einem Metzger, der sein Handwerk liebt, und holen uns den Kaffee natürlich frisch gemahlen, passend für unsere Kaffeemaschine. Am Samstagmorgen bemüht sich die mustergültige Herrin des Hauses, für ihre Lieben nur das Beste zu besorgen, und überwindet ihr mißmutiges zweites Ich, das innerlich ächzt und stöhnt, mit was für viel zu schweren Tüten sie sich hier wieder abschleppen muß.

Denn natürlich liebt auch die Superfrau Gelegenheiten, bei denen sie ihre Freunde einladen kann, und stürzt sich deswegen auf Menüvorschläge in der Zeitschrift »Elle« oder versucht Rezepte von Frankreichs Vier-Sterne-Köchen Senderens und Guérard nachzukochen. Ihre Kochkünste haben einen hervorragenden Ruf: mal einen herzhaft gedünsteten Dorsch mit Kartoffeln, mal Bandnudeln mit deftigem Schinken oder ein Auflauf nach Gutsherrenart, gefüllte Paprika, butterzarte Gänseleberpastete oder schlicht und einfach einen Rindfleischeintopf nach Familienrezept. Welcher Augenblick wäre denn geeigneter wenn nicht jetzt das Wochenende, um köstliche kleine Sachen vorzubereiten, mit denen sich dann noch am selben Abend Eindruck machen läßt? Und nicht auch drei Tage später, der Tiefkühltruhe sei Dank? Die Truhe macht es uns – Ärztinnen, Anwältinnen, leitenden Angestellten – möglich, die wir unter der Woche ohne mit der Wimper zu zucken im Berufsleben Großes leisten, wie eine Haushaltsschülerin zu erröten (vorzugsweise eine Musterschülerin), wenn alle eingeladenen Gäste über unsere Kochkünste in ekstatischen Chorgesang ausbrechen.

Endlich allein!

Nach alledem bleiben Ihnen höchstens ein paar Minuten Zeit zwischen dem Fernsehen am Samstagabend und dem Kinobesuch am Abend darauf (die Reihenfolge läßt sich genausogut umkehren), um sich endlich mit *ihm* zu beschäftigen, Ihrem ein und alles, Ihrem Auserwählten, den Sie sich früher einmal für gute und für schlechte Zeiten ausgesucht hatten, der aber schon seit geraumer Zeit Schwierigkeiten hat, mit Ihrem Galopptempo Schritt zu halten. Seien Sie ehrlich: Zwischen dem Einkaufen und dem üblichen Gezanke, der Erziehung der Kinder und dem üblichen Gezanke, dem Staubsaugen und dem üblichen Gezanke, dem Waldspaziergang und dem üblichen Gezanke und so weiter und so fort haben Sie fast vergessen, daß es hier einen Menschen gibt, der Ihnen als Partner dienen soll, jemand, an den Sie sich auch einmal in Ruhe wenden könnten, ohne ihm zwangsläufig ins Ohr zu brüllen, selbst wenn er Sie zum achthundertsten Male mit seinen (schwachsinnigen) Fragen belämmert: »Hör mal, wo ist denn bloß das Salz?« Oder der Kaffee. Oder seine Schuhe, seine Wagen- oder meinetwegen seine Schraubenschlüssel.

Sie haben sich beide schon während der Woche ganze Tage lang zwischen sieben Uhr morgens und neunzehn Uhr abends verpaßt, weil Ihre Arbeitszeiten so unterschiedlich sind. Es hat höchstens zu einem kleinen Anruf gereicht: »Du, hallo, wie geht es dir? Bei mir geht's so. Also – ich habe dich lieb, wir sehen uns!« Und nach Arbeitsschluß bleibt auch nicht viel Zeit übrig zwischen Ihren diversen Terminen, den Geschäftsessen und seinen Fußballspielen, wenn Sie sich einmal in der Woche die Literatursendung »Apostrophes« ansehen wollen, gar nicht zu reden von dem täglichen Kraftakt, die Kleinen ins Bett zu bringen. Da bleibt nicht viel Zeit, um miteinander tiefschürfende Gespräche zu führen, anderes als »Du, wir dürfen nicht vergessen, die Versicherung zu zahlen« oder »Ruf doch deine Mutter an, ob sie morgen die Kinder nimmt«. Schön, wenn Sie dann noch ein bißchen Energie übrig haben, um ihm abends was Liebes zu sagen, wobei sie inständig hoffen, ihn so nicht auf falsche Gedanken zu bringen, weil Ihr Wecker am nächsten Morgen nämlich als erster klingeln wird.

Also müssen Sie beide (ohne sich da übertriebenen Hoffnungen hinzugeben) auf das Wochenende rechnen, um wieder zu einem Ehepaar zu werden. Keine Panik, Sie schaffen das schon. Die großen philosophischen Grundsatzdiskussionen (»Sollen wir die Kleine denn nun taufen lassen, um deinem Vater einen Gefallen zu tun?«), die Zukunftspläne (»Wir müssen unbedingt mal wieder in Ferien fahren«), Erklärungen jeder Art (»Liebst du mich überhaupt noch? Los, sag's mir!«) finden auf wunderbare Weise ihren Platz irgendwo zwischen »Dallas« und »Journalisten fragen, Politiker antworten«. Was das zärtliche Miteinander betrifft, jenen Stoff, der jedes Paar zusammenhält, das sich noch ernst nimmt, müssen sie Ihren Anschlag freilich mit Sorgfalt vorbereiten, so daß die Siesta mit Hintergedanken am Samstagnachmittag genau zwischen das Mittagsschläfchen Ihrer Jüngsten und die Lieblingssendung der Älteren fällt.

Tja, wo bleibt da die Erotik? Die fällt dann wieder auf einen ganz anderen (Sonn-)Tag.

VIII Die Superfrauen und der Sex

»Wer immer nur sich selber liebt, hat meist nicht lange Spaß dran.«

Frankreichs Comic-Zeichner Martin Veyron

Aussehen wie Kim Basinger ... auch beim Fleischer?

Unter der Woche hat die Superfrau sexy auszusehen. Von den (Pfennig-)Absätzen bis zum Träger ihres Seidenhemdchens sind die Farben abgestimmt: die edelgrauen Strapse auf den taubengrauen BH, der unter dem enganliegenden Bodystocking ihre Brüste perfekt modelliert. Am Wochenende ist dagegen ein altes Paar Jeans genau richtig, um Pobacken vorzuführen, die nichts zu wünschen übriglassen. Ein ganz weiter, lässiger Pullover legt rückhaltlos eine Schulter bloß, was der Superfrau ein aufregend lässiges Aussehen gibt.

Sie soll möglichst verwirrender als eine Freundin von James Bond aussehen, sinnlicher als eine Prinzessin aus Tausendundeiner Nacht und möglichst so lasziv wie Kim Basinger in »Neuneinhalb Wochen« (solange sie dafür nicht zur Strafe jeden Tag Mickey Rourke treffen muß). Von der Superfrau wird Sex erwartet, sie soll einschlagen und ihren Charme und ihre Verführungskunst beim Auftreten frech und bestimmt zur Geltung bringen.

Sei es in einer U-Bahn-Station zur langweiligsten Zeit oder vor der Kasse in der Fleischerei, wenn sie fünf Beefsteaks ins Einkaufsnetz packt, ja selbst wenn sie an der Kinderkrippe eigentlich nur Jessica absetzen will, hat die Superfrau auf dem Quivive zu sein und wittert nach dem kleinsten Anzeichen, lauert auf ein mögliches Abenteuer im Vorübergehen, ständig bereit, alles stehen- und liegenzulassen, um einem Unbekannten zu folgen (allerdings nicht während der normalen Bürozeiten).

Die Superfrau wuchs auf, als Marilyn schon nicht mehr da war und es die Pille bereits gab, das – und die Aufklärungswelle. Heute, wo das Recht auf den Orgasmus sogar bei Allgemeinen Ortskrankenkassen verständnisvoll anerkannt wird, will auch sie davon etwas haben. Möglichst täglich. Mit dem Mann ihres Lebens und zwischendurch mit anderen. Selbst Aids macht ihr keine Angst. Wenn sie ausgeht, hat sie ständig Präservative in der Handtasche. Sie scheut sich auch nicht davor, die Regeln für eine »neue Treue« selbst aufzustellen – kurz, als freie und befreite Frau, lüstern und ausschweifend, tobt sich die Superfrau überall dort aus, wo es moralisch zu vertreten ist: im Ehebett oder auf dem Wohnzimmerteppich. Das gilt aber nicht für alle. Andere Superfrauen ziehen die betäubende Duftfahne des Ehebruchs hinter sich her: Sie gehen im Hotel Ritz zwischen fünf und sieben Uhr abends zur Sache, erledigen es ambulant im Schlafwagen zwischen Paris und Mailand oder gleich auf dem Rückweg von einer Tagung in New York in der Concorde – in der Flugzeugtoilette.

Ja, so sieht das in der Theorie aus.

Die Tragik daran ist allerdings, daß wir Superfrauen uns hierbei genauso abhetzen, wie wir uns für alle anderen Geschäfte ins Zeug legen. Es ist ja nun alles andere als einfach, gleichzeitig ein Liebes- und ein Familienleben zu führen, Affären zu haben und für diverse Kinder die Mutter zu spielen. Wir sollen mit dem Hintern genauso präsent sein wie mit dem Kopf (im ersten Fall sind die Backen allerdings von viel größerer Bedeutung). Hat die Superfrau erst einmal ein reiferes Alter erreicht und die entsprechende Verantwortung am Hals, wäre sie von Natur aus eher bereit, sich zurückzuhalten, selbst wenn ihr dabei etwas entgehen sollte. Das Ganze ist einfach extrem aufreibend.

Unverheiratete Superfrauen: heikel, heikel

Es gibt eine ganze Menge Frauen unter uns, die allein leben, sich aber von Zeit zu Zeit mit Männern behelfen. Jedesmal, wenn sie einen Mann kennenlernen, fängt für sie der ganze Zirkus von vorne an, das Spiel, das Verführung heißt. Es wird in diesen Zeiten steigender männlicher Furchtsamkeit immer unergiebiger. Seit Frauen sich auch in der Liebe nicht scheuen zu sagen, wo es langgehen soll, fallen viele Männer in eine Passivität zurück, bei der sie gerade noch an einer vollständigen Lähmung vorbeizuschrammen scheinen. Sie lassen sich nur äußerst ungern abschleppen und träumen davon, am liebsten wie ein römischer Herrscher nach Lust und Laune mit dem Daumen entscheiden zu dürfen, was gemacht werden soll. Daumen rauf: »Ja, einverstanden! Den letzten Tequila trinken wir bei dir.« Daumen runter: »Du, hör mal, ich muß wirklich nach Hause. Ich muß morgen unwahrscheinlich früh raus.« Fehlt noch, daß sie anfangen, Kopfschmerzen vorzuschützen wie die schüchternen Jungfrauen von Anno dunnemals.

Von nun an ist es an uns, die ganzen strategischen Fragen zu regeln – vom Oberkommando bis zu den Verhandlungen über die bedingungslose Kapitulation. Das fängt schon beim ersten Geplänkel an: »Das war jetzt aber furchtbar ungeschickt von mir, meinen Sekt auf Ihre Hugo-Boss-Hosen zu schütten!« Dann beginnen wir mit dem Angriff: »Dieses Rumstehen hier ist doch sterbenslangweilig. Ich kenne ein kleines japanisches Restaurant, nur ein paar Schritte von hier, da bekommen wir das beste Sushi von Paris!« Wir verwenden Einschüchterungstaktiken: »Mein Börsenmakler hat mir neulich erzählt . . .« Und schließlich umzingeln wir ihn: »Nein, lassen Sie, das ist hier meine Gegend. Ich bestehe darauf, Sie einzuladen.« Der Nahkampf bringt die Entscheidung: »Mein Loft liegt in der Bastille-Gegend. Der Designer Starck hat es eingerichtet. Hätten Sie Lust, mal das Bettsofa auszuprobieren, das er für mich persönlich entworfen hat?« Nachdem wir so eine Probe unseres Muts geliefert haben, fragt es sich natürlich, ob wir auch einzulösen verstehen, was wir da so vollmundig angekündigt haben. Dabei kommt es auch darauf an, daß wir mit den Erwartungen der Männer umzugehen verstehen. Wir können uns auch im Bereich intimster Hingabe als Superfrau treu bleiben, sollten den armen Schätzchen aber nicht zuviel Angst einjagen. Vor allem in Augenblicken wie diesen rechnen sie am wenigsten damit, daß andere außer ihnen das Heft in die Hand nehmen könnten.

Natürlich ist für uns längst nichts mehr dabei, ganz präzise Anweisungen dafür zu geben, was uns am besten gefällt: »Ich fände es toll, wenn du erst mal meine Zehen ablecken würdest.« Oder das Spiel damit zu eröffnen, daß wir ihnen zeigen, wo genau unser G-Punkt sitzt (der arme Engel hätte ihn ja doch nie von selbst gefunden, obwohl er brav versichert, davon irgendwo schon mal was gehört zu haben). Wir fragen ihn auch in ganz gelassenem Ton, ob er schon mal probiert habe, wie es sei, »sich fesseln zu lassen«, und bringen es fertig, ihn mit Kennermiene an die Szene mit der Butter aus »Der letzte Tango in Paris« zu erinnern. Kein Wunder, wenn er dann die Flucht ergreift. Das tut er am besten gleich, in der ersten Viertelstunde, denn viel schlimmer ist es, wenn er die ganze Nacht impotent ist, wie zum Beispiel jener Knabe, der charmant genug war zu bleiben, obwohl er sich noch vor Beginn irgendeines Vorspiels als ziemlich unbeholfen erwiesen hatte, und den eine Superfrau, als sie aus dem Badezimmer zurückkam und nichts mehr anhatte als ihren Bademantel, dann auch wirklich ausgestreckt auf ihrem Bett wiederfand – zur Sicherheit hatte er sich allerdings nicht nur in seinen Plastikregenmantel gewickelt, sondern auch den Gürtel doppelt um sich geschlungen.

Wenn die Superfrau andererseits um der frommen Lügen willen sich als zarte Knospe gibt, die ganz versessen auf harmloses Schmusen und feuchte Küsse ist und sich zwischen muskulösen Armen bergen möchte, ein Weibchen, das lieber Streichelsex will, als enthemmt zu vögeln, dann ist das der Anfang vom Ende. Die unter uns, die nicht mehr dreizehneinhalb Jahre alt sind und sich trotzdem als Kindfrau versuchen, werden dabei schnell auf die Nase fallen.

Wir müssen also mogeln, uns darauf verstehen, wie wir die Sache richtig pfeffern, und uns an die Umweltbedingungen anpassen, halb schwarze Pantherin, halb zukkersüße Lolita. Vor allen Dingen ist es wichtig, daß wir uns nicht zu viele Blößen geben und ein wenig unser Geheimnis wahren. Sonst klappt nämlich am Ende gar nichts mehr. In der Liebe ist es dabei nicht anders als bei geschäftlichen Verhandlungen – haben wir die »Sache« erst einmal erledigt, ist es Zeit, daß wir uns entspannen und ein bißchen Schlaf finden, da unser Wecker ohnehin bald klingeln wird.

Wenn wir das mal zusammenrechnen, was sich da mehrere Male pro Woche (oder Monat, ganz nach Gelegenheit) an unfreiwillig komischen Erlebnissen ansammelt (der richtige Typ, ein Kerl, an den man sich gewöhnen könnte, ist heute nicht mehr einfach zu finden), dann stellen wir eines Tages fest, wie uns ganz sachte das Gefühl abhanden gekommen ist, wir seien eine Sexbombe, die ständig von neuem entschärft werden möchte. Wir ziehen es vielmehr vor, mal einen Abend (oder den Rest unseres Lebens) mit unserer Katze zu verbringen und »Dallas« zu sehen, Mozart-Aufnahmen zu hören oder uns mit den Romanhelden von Dashiell Hammett zu treffen. Denen ist es nämlich vollkommen egal, ob wir uns für sie eine Unterwäschenkombi aus reiner Seide anziehen oder ein übergroßes T-Shirt mit aufgedruckter Mickymaus. Klar, wir sind ja auch allein. Dafür ist es aber so schön ruhig . . .

Das Ehepaar – die Betonung liegt auf »Paar«

Wir haben nun aber gar keinen Grund zu der Annahme, für Superfrauen sei die Ehe, in der die Betonung auf »Paar« liegt, das goldene Maß für ein vorbildliches Verhalten, das uns auch noch weniger Mühe machen würde als das freiwillige oder unfreiwillige Leben allein. Ehefrauen scheinen eher einem besonderen Zwang zu außerehelichen Aktivitäten zu unterliegen, vor allem in einer Zeit, in der große Orgelklänge und Heiratsschwüre für unmodisch gelten.

Denn für eine Superfrau ist es doch ganz unerträglich, wenn sich auf privatem Gebiet nun gar nichts tut. Wie auf anderen Ebenen auch, mißt sie ihr Selbstwertgefühl an den Erfolgen, die ihr hier gelingen. Hat sie beruflich ohnehin Erfolg, strengt sie sich nur um so mehr an, auch privat überdurchschnittlich gut auszusehen, weil sie es nicht ausstehen kann, daß Leute über sie sagen: »Hast du gesehen, was die Frau für eine Maschine ist? Klar, sie hat für ihre Schuhfabrik den Umsatz eigenhändig um dreißig Prozent hochgedrückt, aber, du, wenn die abends nach Hause kommt, ist die der einsamste Mensch auf der Welt.« Statt dessen braucht die Superfrau das glatte Gegenteil und ist bereit, bei den anderen auch schlummernde Eifersüchte zu wecken: »Oh, là là!, die Frau ist vielleicht eine Wucht. Ihre Schuhfabrik läuft wie die Feuerwehr, sie hat obendrein noch einen echt klugen Mann und ausgesprochen nette Kinder.«

Unter Superfrauen gibt es die wohlbekannte Maxime: besser auf allen Gebieten Neid als auch nur auf einem einzigen Mitleid zu erregen. Die Superfrau schlägt sich also wie eine Tigerin für ihr persönliches Wohlbefinden und greift hier um so fester zu, als sie heute genug für sich selbst und ihre zahlreiche Brut verdient und weiß, daß sie schon morgen die Haustür hinter sich zuschlagen kann, ohne je wieder zurückstecken zu müssen. Eigentlich geht es ihr wie bei dem bekannten Prinzip nuklearer

Abschreckung: Beide Supermächte besitzen die Waffe, doch keine hat Lust, sie wirklich loszulassen. Die Superfrau bereitet lieber den Frieden vor, als sich in Auseinandersetzungen zu stürzen.

Sie kämpft also vor allem dafür, daß ihre eigene Ehe glücklich ist, denn das bedeutet nicht zuletzt, daß sie selbst glücklich ist. Hier darf sie nie unachtsam sein, denn es gilt, ihr Bedürfnis nach Sicherheit mit ihrer Lust auf Abenteuer in Einklang zu bringen. Auf der einen Seite sitzt sie schrecklich gern in handbestickten Pantoffeln vor dem Kamin, auf der anderen Seite hat sie Tagträume von ungebremster Erotik mit einem schönen Unbekannten, den sie im Fahrstuhl trifft. Bei ihr muß ständig emotional etwas los sein, damit sie weiß, daß sie nach wie vor gefällt, damit sie noch einmal den Schauder der Freiheit spürt, den sie tief in sich trägt, und damit sie wieder die verlangenden Blicke in den Augen der Männer spürt – sämtlicher Männer, darunter auch ihres eigenen.

Bleibt die Geilheit auf der Strecke?

Andererseits ist die Sache ganz schön anstrengend.

Für unsere Großmütter war alles noch einfach. Sie spielten ihre Rolle als bewundernswerte Gattin, zärtliche Mutter oder fürsorgliche Göttin am Herd, und für den ganzen Rest gab es drei Punkte, die eine Auslassung im Text bedeuteten. Schließlich gab es ja gewisse Häuser für Männer, die alberne Gelüste verspürten. Vor allem, wenn die Frauen selbst erst einmal mehrere Jahre verheiratet waren. Heute ist es nun so, daß auch die brävste Hausfrau sich ab und zu mit Netzstrümpfen aufzäumt. Und von den Superfrauen wird erwartet, daß sie sich, nachdem sie abends noch die Geschirrspülmaschine eingeschaltet haben, in geile Stuten verwandeln, es sei denn, der kleine Philipp wacht wieder auf, weil er Alpträume hat. Zwischendurch haben wir die Hetäre zu sein und sollen das unersättliche Luder spielen, nachdem man sich im engeren Familienkreis die unvergeßliche Beate-Uhse-Kassette »Spritztour-Girls« angesehen hat. Auf einen Schlag, ruck, zuck! und einfach so, sollen wir verdrängen, daß wir angespannt und müde sind, Steuern zahlen sollen und einen Beruf und noch eine Menge anderer Alltagssorgen haben, die jede Frau ernsthaft aus der Fassung bringen können. Selbst eine Superfrau.

Wir brauchen schon gute Gründe, um dieses Spiel auf die Dauer mitzumachen. Denn es ist schwierig, einen verführerischen Schleiertanz zu choreographieren, wenn dabei Pantoffeln getragen werden, und für Erotik von der Marke »Geschichte der O« ist nach einem stinklangweiligen Abendessen im Familienkreis schon verflucht viel Zuneigung und Vorstellungskraft erforderlich. Am Samstagabend eine heiße Liebesnacht anzusetzen, nur weil morgen der einzige Tag ist, an dem wir ausschlafen können, läßt auch die gutwilligsten Frauen auf die Dauer ermüden. Die Leidenschaft verliert sich (dabei war es mit *ihm* früher doch so irre gut), und die Superfrau wird vom Schlaf überwältigt, während sie die Nase in den Wirtschaftsteil der Zeitung steckt, bekleidet mit Bettsocken und einem Frottee-Pyjama, wo früher hauchdünne Dessous angesagt waren, als ihr noch nichts wichtiger erschien, als *ihm* Lust zu bereiten.

So fängt das an, und eines Morgens finden wir uns beide splitternackt im Bad wieder und mustern mit scheelen Blicken die Wabbelschenkel und einen alles andere als knackigen Hintern und fragen uns, wie in Teufels Namen wir jemals *so was* miteinander machen konnten. Von hier ist es dann nicht mehr weit bis zum Schriftverkehr über gegenseitige Anwälte, denn funktioniert erst mal die häusliche Libido nicht mehr, geht bald gar nichts mehr. Das wird Ihnen jeder Eheberater bestätigen.

Bevor Sie zu solchen krassen Maßnahmen greifen, packen Sie den Stier besser bei den Hörnern – um Ihre Ehe zu retten, sind alle Mittel recht. Selbst die extremsten, und die Superfrau, tapfer, wie sie ist, schreckt gerade vor ihnen nicht zurück. Welche Lösungen gibt es? Sie finden sich nicht auf der Straße. Im Grunde gibt es nur zwei.

Üb immer Treu und Redlichkeit

Die erste und einfachste, die weniger ermüdende und in diesen schwierigen, Aids-bedrohten Zeiten wesentlich ungefährlichere ist die Lösung, bei der Sie den eigenen Ehemann zum Geliebten machen. Es gibt dafür so amerikanische Erfolgsbücher, Ratgeber in zwölf Kapiteln von der Art »Vergessen Sie, daß er nachts schnarcht, und schlagen Sie ihm vor, er solle doch mal einen neuen Schlafanzug anziehen«. Da essen Sie dann mit ihm bei Kerzenlicht zu Abend, schicken sich heißverliebte Telegramme, denn schließlich ist er auch nicht schlechter als irgendein anderer. Sie verbringen zärtliche Wochenenden in Prag oder in einem kleinen Dorf irgendwo im Elsaß, wo sie sich im Hotel wie Unverheiratete aufführen und sich unter falschem Namen eintragen. So geben Sie der Sache Pfeffer.

Nicht anders ist es auch an Ihren geheimen Nachmittagen zu zweit, an denen Sie sich mit Ihrem Ehemann zu einem gewagten Schäferstündchen treffen. Stellen Sie sich vor, was für ein Gesicht Ihre beste Freundin machen wird, wenn Sie sie um die Schlüssel für ihre Zweitwohnung bitten, und das bloß mit der Bemerkung »Für mich und meinen Tiger«. Tja, wenn Sie das schaffen, haben Sie so ziemlich das Ideal, das Beste erreicht, was es gibt. Denn das kleine »einmal ist keinmal«, das unter Eheleuten eigentlich genausowenig moralisch verwerflich sein sollte wie für Singles, wird körperlich zum heikelsten Seiltanz ohne Netz, der sich vorstellen läßt, solange das berühmte Medikament gegen Aids noch nicht in Sicht ist. Die Rückkehr zu Vatis gutem altem Präservativ ist eigentlich bei niemandem auf die erhoffte große Begeisterung gestoßen.

Der Geliebte – was für ein Aufwand . . .

Die andere Lösung besteht darin, sich einen Geliebten zu nehmen und so ein bißchen Kaviar auf das tägliche Brot der Ehe zu streichen, in der völlig ehrenwerten Absicht, der eigenen Ehe wieder zu vitaler Spannung zu verhelfen. Dieser kleine Vertragsbruch ist wirklich kein Drama und tut dem Zusammenleben ganz gut. Erstens hebt es unsere Stimmung (und die unseres Geliebten), und zweitens ist es so, daß wir, kaum dem ehebrecherischen Rendezvous entronnen, von unseren Schuldgefühlen, die trotz allem in uns verwurzelt sind (und um erst gar keinen Verdacht aufkommen zu lassen – geht etwa eine Frau, die ihren Mann noch am Nachmittag betrogen hat, abends schon wieder mit ihm uns Bett?), ins eheliche Bett getrieben werden, wo wir es im Handumdrehen schon wieder tun. Was uns ja auch dem gewünschten Ergebnis ein Stück näher bringt.

Wenn das einmal klar ist, stellt sich in der Regel heraus, daß auch ein Liebhaber keine einfache Angelegenheit darstellt. Auch wenn wir ihn bisweilen einfach dringend brauchen. Es geht ja nicht nur darum, unserer Ehe auf die Sprünge zu helfen. Es gibt ganz andere, nicht weniger dringliche Gründe. Zum Beispiel kann es sein, daß wir einfach die Schnauze voll haben, uns immer nur vor dem Spiegel schön finden zu müssen, weil unser Mann überhaupt nicht mehr hinschaut. Oder wir flippen aus, weil unser Gesicht beginnt, alt auszusehen. Es kann uns auch passieren, nachdem wir ein Kind geboren haben und wir es dann das erste Mal seit zehn Jahren tun (die Tristesse nach der Geburt führt mitunter ziemlich weit). Und dann tun wir es natürlich auch aus Narzißmus, aus Selbstliebe, um unser Ego zu streicheln und um uns immer mal sagen zu können, daß eigentlich wir die Schönste im ganzen Land sind.

Alle Gründe dieser Art erweisen sich stärker als der gesunde Menschenverstand. Denn vor der untreuen Superfrau türmen sich gewaltige Hindernisse auf.

Wo? Wann? Wie? Und mit wem?

Wo sollen wir unseren Geliebten treffen? Das erweist sich noch als das geringste Problem. Wir greifen nach jeder Gelegenheit, uns mit ihm unter eine Decke zu stekken, ob wir mit dem Zug oder dem Flugzeug unterwegs sind, nach der Tagung genauso wie nach dem Betriebsfest. Hier hat die Superfrau bloß die Qual der Wahl.

Gut, gut – aber wen? Wir sollten natürlich die Freunde unseres eigenen Mannes vermeiden. Das sagt uns schon der schlichte Menschenverstand. Aber unter unseren diversen Geschäftspartnern, Arbeitskollegen (wobei wir die Affäre in der eigenen Abteilung allerdings meiden sollten wie die Pest!) und bei Leuten, zu denen wir geschäftliche Beziehungen haben, sollte sich statistisch durchaus etwas machen lassen.

Nein, es ist vor allem die Zeit, die uns fehlt. *Wann* sollen wir ihn denn treffen? Wo sollen wir ihn auf den Seiten unseres ausgebuchten Terminkalenders unterbringen? (Wenn manche Superfrauen sich hier zurückhalten, dann im Grunde nicht aus moralischen Gründen, sondern weil sie einfach keine Lust haben, sich auch hierfür noch abzuhetzen.) Sollen wir ihn etwa im Schnellrestaurant zum Frühstück treffen? Oder überstürzt zwischen siebzehn und neunzehn Uhr? Es ist ganz schön schwierig, beim ständigen Blick auf die Uhr noch heißen Leidenschaften zu frönen. Und Geschäftsessen? Na ja. Die lassen sich halt nicht unbegrenzt oft ansetzen, genausowenig wie die Reisen derselben Kategorie. Das fällt schnell auf.

Geben wir es aber ruhig zu: Wir finden die Zeit. Meinetwegen eine Stunde alle zwei Wochen. Das ist knapp, aber es geht. Die andere Frage ist natürlich: *Wo?* Bei ihm? Glücklicherweise hat er eine Familie, und das mindert unser Risiko, daß er ins Schleudern käme und uns nerven könnte, etwa: »Ich liebe dich! Laß alles zurück und komm mit mir!« So weiß er wenigstens aus eigener Erfahrung, warum wir nicht wegen einer banalen Bettgeschichte fünf oder zehn Jahre Ehe und Familie wegzuwerfen bereit sind (selbst wenn eine Affäre mit *uns* alles andere als banal ist).

Und bei uns zu Hause? Siehe oben. Selbst wenn ausnahmsweise mal keiner da sein sollte – Gatte und Kinder in den Skiferien, die Kinderfrau bei ihrer Mutter –, kriegen wir doch bei der Idee, das Ehebett zu beschmutzen (darüber das Foto von Tobias und Marina), wenn nicht eine richtige, so doch fast eine Gänsehaut. Männer nehmen so was wesentlich weniger genau. Sie würden uns sogar den Frotteemantel ihrer Frau anbieten (mit der Duftnote der Gattin), wenn wir aus der Dusche kommen und uns ein bißchen kühl ist.

Oder ins Hotel? Da kommen ja leider nur die allerersten Häuser in Frage, das Ritz vielleicht. Was ganz schön ins Geld geht, wenn wir häufiger loslegen. Doch die anspruchsvollen Hotels kommen uns bei Seitensprüngen auf einmal jämmerlich vor. Es gibt ja wohl nichts Traurigeres als eine Liebesaffäre zum Spartarif. Aber Hindernisse dieser Art nehmen wir am Ende dann doch recht gekonnt.

Ich und Er

Schließlich kommen Tag und Stunde des ersehnten Rendezvous, für das Sie sich schon bei Tagesanbruch diskret in Form gebracht und Chanel No. 5 aufgelegt haben (für Gelegenheiten, bei denen Sie sonst nichts mehr anhaben). Sie tragen ein todschickes Kostüm, darunter ein Tanga-Höschen und haben sich Beine und Achseln mit Wachs so sorgfältig enthaart, wie Sie das sonst nie machen (schon gar nicht für Ihren Mann). Sie haben sich liebevoller als sonst geschminkt und haben einen Rock an, der Ihre Beine perfekt zur Geltung bringt, oder eine Hose, wenn Ihr Po zu den starken Seiten Ihrer Silhouette gehört.

Kurzum, Sie sehen aus wie die weibgewordene Vollkommenheit, haben sich aber etwas zurückgehalten, um zu Hause unangenehme Fragen zu vermeiden, wenn Sie morgens losgehen: »Ja, wie hast du dich denn heute geschminkt?«

Um dreizehn Uhr sind Sie mit ihm verabredet, in der Bar des Hotels La Trémouille. Sie haben die ganze Zeit Probleme, sich auf diesen Bericht zu konzentrieren, den Sie in drei Ausführungen und in aller Eile für Ihren Chef fertigmachen sollen. Zwanzigmal waren Sie schon versucht, alles abzusagen, weil Sie die Situation einfach lächerlich fanden, und zwanzigmal haben Sie sich wieder zusammengerissen, weil Sie es verabscheuen zu kneifen. Dann kommt die schicksalsschwere Stunde (und meistens ist es genau in diesem Augenblick, daß im Büro eine unvorhergesehene Konferenz einberufen wird oder Augusta kopflos anruft, um anzukündigen, Louise habe vierzig Grad Fieber und ihr gesamtes Essen erbrochen. Zwischen Pflicht und Vergnügen ist die Wahl oft recht heikel).

Aber ausnahmsweise ist an diesem Tag nun die Bahn frei, klimatisch liegt über der Stadt ein Hoch, und Ihre Stimmung ist entsprechend.

Es ist das erste Mal, daß Sie sich mit ihm hier im Hotel treffen. Er erwartet Sie in der Bar. Seine Stimmung ist locker. Er hat die Schlüssel für das Zimmer bei sich, und Sie brauchen nur fünf Sekunden, um zu bemerken, daß ihm sein Anzug gut steht, die rot-grün gestreifte Krawatte dazu aber fürchterlich aussieht oder daß sein neuer Haarschnitt die Ohren auf ganz schreckliche Weise freilegt (er hat sich auch in Unkosten gestürzt). Schon gefällt er Ihnen weniger, ja, Sie finden ihn fast fies. Aber dann berührt er nur sachte Ihre Lippen und bringt Sie sofort zum Schmelzen. Sie zittern bei dem Gedanken, jemand könnte Sie hier erkennen. Glücklicherweise begegnen Sie niemandem im Aufzug außer dem Zimmermädchen. Sie spüren genau, wie sie Sie unverwandt anstarrt – anklagend und vorwurfsvoll.

Das Zimmer ist klein und geschmackvoll möbliert. Sie haben so viele Sorgen im Kopf, daß Sie nichts außer dem Bett sehen, das Ihnen enorm und obszön vorkommt und fast das ganze Zimmer auszufüllen scheint. Sie öffnen den Mund, um die Stimmung durch eine Ihrer üblichen witzigen Bemerkungen zu entspannen (vermeiden Sie möglichst beim Öffnen der Badezimmertüre Witze wie »O Gott, mein Mann!«), aber statt dessen fühlen Sie sich wie gelähmt. Sie müssen plötzlich unwahrscheinlich dringend Pipi machen. (Das sind die Nerven.)

Er steht hinter Ihnen, küßt Sie mit sehr viel Stil auf Hals und Schultern und sagt, wie sehr ihm Ihr Parfüm und Ihre Haut gefallen und daß sie beide, statt zu reden, im Bett besser aufgehoben wären. Sie machen sich daraufhin ins Badezimmer auf, wo Sie den Hahn am Waschbecken so weit aufdrehen, daß es nur so rauscht, nur um den Lärm der Klospülung zu übertönen, der Ihnen unvereinbar mit der lasziven Liebesszene erscheint, die nun ansteht.

Und jetzt läuft die Zeit – ganz genau eine Stunde für eine sanfte Nummer mit Gefühl oder hemmungsloses Vögeln, ganz nach der Ausdauer und dem Einfallsreichtum Ihres Partners. Hier ist alles erlaubt. Riskant wird es nur, wenn Ihr Liebhaber Sie in den siebten Himmel entführt und Sie dort länger schweben läßt, als Ihnen guttut. Das macht es nämlich hinterher um so schwerer, ihn wieder in die Wüste zu schicken.

Häufig verläuft das Ganze aber mehr schlecht als recht und ist eigentlich nichts Besonderes, vor allem nicht beim erstenmal. Aber das würden Sie ja doch nie und nimmer laut zugeben. Jedenfalls nicht sofort. Denn hierbei ist es wie mit Flaschen, die Sie diskret wieder zukorken können: Hauptsache, das Etikett macht etwas her.

2. Teil Wer hat Schuld?

Wir sitzen ganz schön in der Tinte. Aber woher denn, Mädchen, hätte meine Großmutter dazu gesagt – dieses Leben im Schnelltempo, diese ganze Hetzerei hast du doch so gewollt, du und die anderen jungen Frauen, die genauso denken. Diese Vorrangstellung war euch vom Leben ja gar nicht vorbestimmt. Du hast dich befreien wollen – und nun? Schließlich hättest du genausogut zu Hause bleiben und dich um die Deinen kümmern können, um deinen Mann und um deine Kleinen, die dich so sehr brauchen. Niemand hat von dir verlangt, dich zu schlagen wie ein Mann. Du wirst dabei doch immer eine Frau bleiben.

Wenn du wissen möchtest, wer dich auf dem Gewissen hat, dann faß dich an die eigene Nase!

Moment mal, Großmutter – es stimmt, daß die ganze Sache nicht so gelaufen ist, wie wir uns das vorgestellt hatten. Aber nicht so, wie du sagst. Das Schlimmste, was uns zugestoßen ist, war, daß wir auf die anderen gehört haben (und immer noch hören), auf die, die uns auf diese Galeere verschleppt haben und uns dort rudern lassen: die Feministinnen, denen wir so inbrünstig nachgelaufen sind und die uns unterwegs auf einmal allein gelassen haben, und jene Männer, auf die wir so gezählt hatten, um unsere Sache voranzubringen, auf die wir uns doch stützen wollten, um die Kinder und den Haushalt zu versorgen, genau die, die erst (windelweich) unserem Aufruf folgten und sich später so gründlich abgemeldet haben, daß sie mit keinem Nachsendeantrag mehr zu erreichen sind. Dazu kommen die Werbeleute und die Frauen, die ich »die schlechten Vorbilder« nenne, weil sie uns einreden, Perfektion sei möglich.

Das Schlimmste, was uns zustoßen konnte, war es also, daß wir all diesen falschen Vertretern Glauben geschenkt haben und ihnen alles widerspruchslos abgekauft haben. Sind wir ihre Opfer? Das sind wir, und die Liste der Leute, die uns auf dem Gewissen haben, ist lang. Am Ende haben wir uns auch selbst geopfert, denn wir haben verdammt willig alles mitgemacht. Mit unserer Absicht, um jeden Preis zu gewinnen, haben wir uns selbst auf die schlimmste Weise versklavt.

I Schuld haben die Feministinnen

»Wenn ich meiner Tochter und ihren gleichaltrigen Freundinnen so zuhöre, fällt mir auf, daß etwas schiefgelaufen sein muß. Ich bemerke eine wachsende Bitterkeit, eine Anklage, die zunächst nur undeutlich wahrzunehmen ist: Ihr habt uns lauter Ziele vorgeschrieben, die mühsam erkämpft werden müssen. Aber was ist eigentlich mit den Dingen, die wir uns sonst so vom Leben wünschen?«

Betty Friedan, Mai 1982

Männliche Frauen

Wir kommen nicht als Superfrauen zur Welt.

Wir werden dazu gemacht. Nach den Jahren der Frauenbewegung haben wir an einen neuen Schlag von Frauen geglaubt, die aus der feministischen Märchenlampe wie von Zauberhand erscheinen sollten, beschworen von den feministischen Zauberlehrlingen der sechziger und siebziger Jahre. Freiheit, Gleichheit, Weiblichkeit – was lag näher? Wir würden nie wieder so sein wie unsere Mütter und Großmütter. Die vollendete Hausfrau, eingespannt zwischen Küche und Kindern, die das Wort »Emanzipation« nur zu hören brauchte, um sofort ihr elektrisches Küchenmesser zu zücken? Nein danke, das kommt für uns in Zukunft nicht mehr in Frage. Oder sich abzumühen wie die Arbeiterin, die sich nach acht Stunden in einem erschlagenden Job (im Akkord zu nähen oder Rechnungen zu tippen, bis sie nicht mehr zählen kann) dann um ihre Kinder, den Haushalt und einen Mann zu kümmern hat, dem sie dienen und den sie ehren soll? So was kam für uns gar nicht mehr in Frage. Das wirkliche Leben lag draußen. Nach aufreibenden Jahren, in denen wir den Sexismus und seine schwarzen Schafe erfolgreich bekämpft hatten, waren wir nun sicher, das richtige Ziel erreicht zu haben. Es mochte sein, daß noch einiges zu tun übrig blieb, aber wir berauschten uns bereits daran, endlich erwachsen geworden zu sein. Es haute uns um, endlich Anerkennung zu spüren.

Allerdings fanden wir an unserem Ziel viel weniger strahlende als ziemlich bizarre Zustände vor, die in bestimmter Hinsicht dem ausgesprochenen Gegenteil unserer Erwartungen entsprachen. Plötzlich kam es uns so vor, als hätten wir es im Grunde genommen schlechter getroffen als die Frauen vor uns.

Auf der einen Seite erbten wir archaische Rollenmuster, von denen wir gar nicht imstande waren, uns zu lösen: *die gute Mutter, die gute Ehefrau, die gute Hausfrau.* Kurz, die alten Ansprüche, die seit Urzeiten an Frauen gestellt werden und an denen sich selbst im Zeitalter von Leihmutter und Mikrowellenherd nichts geändert hat. Auf der anderen Seite liefen wir in eine Falle aus Zwängen wie *der Karriere, des beruflichen Ehrgeizes* und *des erfolgreichen Sex.* Sie wurden uns durch neue Normen diktiert, wie sie unsere feministischen Schwestern in erbittertem Kampf von den Männern übernahmen (und sich dabei als schlechte Schneiderinnen erwiesen, weil sie schlicht »vergaßen«, für das neue Zwangskostüm Maß zu nehmen).

Und das lag an *euch,* all ihr Großen-Priesterinnen-der-Emanzipation-die-da-kommen-soll. Ihr habt wirklich keinen Grund, stolz auf euch zu sein. Alles, was uns zugestoßen ist, ist gut und gern euer Fehler. Wer hat denn behauptet: »Nur eine kreative Tätigkeit erlaubt es der Frau (so gut wie dem Mann), sich als menschliches Wesen zu finden?« (Betty Friedan, »Der Weiblichkeitswahn«) Und wer schrieb: »Schließlich erweisen sich die Frigidität und die sogenannten sexuellen Probleme nur als ein Nebenprodukt der Tatsache, daß Frauen nicht über ein Bedürfnis unterrichtet sind, das nicht weniger grundlegend als die Liebe ist – das Bedürfnis, sich im Leben beruflich verwirklichen zu können?« Benoîte Groult, *Ainsi soit-elle* (1975; dt., »Die Dinge, wie sie sind«). Wer hat uns den Floh ins Ohr gesetzt, wir hätten uns traurigerweise zum Objekt degradieren lassen? Wer hat uns dazu angehalten, uns selbst zu verwirklichen? Wir haben uns selbst erzählt, wir seien Genies, die alles genauso gut machen könnten wie die Männer – wenn nicht besser. Noch schlimmer war, daß wir uns selbst geglaubt haben.

Nach zwanzig Jahrhunderten der Unterdrückung reichten zwanzig Jahre der Emanzipation, um uns die Formel für die perfekte Frau finden zu lassen: *Frauenfrau plus Männerfrau gleich Superfrau.* Simone de Beauvoir, Kate Millett, Germaine Greer, Betty Friedan, Benoîte Groult, Gisèle Halimi und all ihr anderen – euretwegen sind wir geworden, was wir sind, Zwitterwesen, männliche Frauen, hart und zart zugleich, eine bizarre Kreuzung aus *la belle et la bête,* aus Schutzengel und Lastesel.

An dem Ergebnis haben wir heute schwer zu tragen. Nicht nur, daß ihr uns keineswegs von unseren Ketten befreit habt – ihr habt uns statt dessen neue Ketten auferlegt, um nichts leichter als die alten.

Wir können jetzt zusehen, wie wir sie wieder loswerden. Jetzt, wo wir in einem Zug sitzen, der längst abgefahren und nicht mehr zu bremsen ist, seid ihr mit einem Mal umgeschwenkt und verfaßt Lobreden auf die Rückkehr zu Familie, Herd und Keuschheit, so in der Art: »Was kümmert mich mein dummes Geschwätz von gestern.« Toll, vor allem, nachdem das Kind bereits im Brunnen liegt. Eure beträchtlichen Fehler haben dazu geführt, daß wir in der Klemme sitzen. Wir, die wir gehandelt haben, als ihr theoretisiert habt, können jetzt nicht mehr zurück. Zum Umkehren ist es jetzt zu spät: Eine Rakete, deren Triebwerke gezündet worden sind, läßt sich nicht mehr stoppen.

Okay, okay – eure ursprünglichen Intentionen waren ja lobenswert. Ihr habt uns aufgeweckt, und euretwegen haben wir uns überhaupt in Bewegung gesetzt – soviel ist richtig. Ihr habt unser ganzes Leben verändert, unsere überkommenen Überzeugungen umgestoßen und uns gezwungen, unser Schicksal in die eigenen Hände zu nehmen (wie Erwachsene). Dafür werden wir euch nie genug danken können.

An dieser Tatsache wird sich nichts ändern.

Aber was haben wir von unserer schönen neuen Unabhängigkeit, wenn wir davon so erschöpft sind und uns die Befriedigung unserer Bedürfnisse versagt bleibt?

Tarzan, Jane und Effi Briest

Früher war alles doch so einfach. Er – Tarzan. Er – jagen. Sie – Jane. Sie – viel Obst sammeln. Er – Tarzan. Und Tarzan hat *Ahnung*. Jane bewundert ihn (und hält die Klappe, auch wenn sie es eigentlich besser gewußt hätte).

Als Tarzan und Jane sich Sorgen um das Überleben ihrer Spezies machten, wünschten sie sich einen Erben.

Es war an Jane, damit niederzukommen. Um seine Brut zu ernähren, kehrte Tarzan an seinen Arbeitsplatz im Dschungel zurück, während seine Gefährtin den Junior in die Anfangsgründe der Erziehung einführte: wie er sich richtig laust, von Liane zu Liane springt und korrekt seine Banane schält. Mit anderen Worten – wenn aus Junior ein richtiger Tarzan wurde, dann wegen der zärtlichen, aufopfernden Versorgung durch Mama, unterstützt durch die Nilpferdbraten, die Papa besorgte. So weit, so klar – jeder spielte mit offenen Karten.

Und wie ging es dann weiter? Alles wurde eine Spur übersichtlicher. Papa wird eifersüchtig. Er schließt Mama ein: »Von jetzt an gehst du nicht mehr ohne mich aus und bleibst zu Hause! Schluß, aus! Ich bin hier der Herr im Haus!«

Die Hausfrau (Mama) langweilt sich jetzt. Sie hat ja nichts Großartiges zu tun. Sie zieht den Nachwuchs auf, kümmert sich um das Haus, kocht, wäscht, bügelt, räumt auf und gibt dem Personal Anweisungen (falls Personal da ist). Außerdem spielt sie Klavier und bittet Papa um Geld, wenn sie sich neue Kleider kaufen will. Sie hat auch kein Wahlrecht. Papa sagt immer lachend: »Meine Frau versteht nichts von der Politik!«

Da Mama nicht besonders gebildet ist, liest sie auch nicht viel, und wenn, dann billige Liebesromane, bei denen sie ins Träumen kommt (wenn sie zuviel davon liest, wird sie sehr schräg, fängt an, allein auszugehen, vernachlässigt die Küche und verbringt ihre Zeit damit, zu heulen oder zur Beichte zu laufen – daran kann sie sogar sterben, man sagt dann, Effi muß briesen).

Mama ist damit zufrieden, bloß eine Frau zu sein. Was sie nicht selbst geregelt bekommt, das erledigen die Männer. Papa ist ein Mann. Er ist stark, fest und ein Beschützer, der es liebt, seinen Kindern übers Haar zu streichen, sie mal zu belohnen und mal zu ermahnen. Kommt er abends nach Hause, begrüßt er alle laut und zieht sich dann mit Pantoffeln und Pfeife an den Kamin zurück, um dort seine Zeitung zu lesen. Währenddessen ist Mama damit fertig geworden, das Essen vorzubereiten, deckt den Tisch, serviert die Suppe, ißt im Stehen hinter ihrem Mann, spült dann das Geschirr und bringt die Kinder ins Bett. In ihrem Kopf hallt es wider: »Mittwoch – Wäschetag, Donnerstag – Markttag, ach, ich darf nicht vergessen, Freitag die Kleider zu flicken.« Mama macht sich nützlich.

Papa und Mama sind das, was wir ein Ehepaar nennen. Papa hat seiner Frau sechs Kinder gemacht und hat immer noch Respekt vor ihr. Nach einigen Jahren kommt es allerdings vor, daß er abends erst sehr spät heimkommt. Dann ist er ein wenig angetrunken, riecht nach fremdem Parfüm und sagt, er habe die Beförderung eines Kollegen gefeiert. Mama bleibt nichts übrig, als das zur Kenntnis zu nehmen. Mama hätte jahrhundertelang so ruhig und resiginiert vor sich hin leben können, ohne zu verstehen, daß ihr Weltschmerz und ihr Kopfweh und ihre dauernden Ängste schlicht aus dem resultierten, was sie unterdrückte. Sie war unglücklich und wußte es nicht einmal.

Simone de Beauvoir rechnet ab

Und dann kam *de Beauvoir.*

O ja, sicher hatte es auch vor ihr eine ganze Anzahl wunderbarer Kämpferinnen für die Emanzipation der Frau gegeben.

Olympe de Gouges stellte in ihrem berühmten Buch *»Déclaration des Droits de la Femme et de la Citoyenne«* (1791) fest: »Die Frau wird frei geboren und ist dem Mann gleich.« Sie gründete den Verein der *Tricoteuses,* Frauen, die sich in die Versammlungen des Parlaments setzten und die Debatten verfolgten, während sie dazu mit ihren Stricknadeln hantierten ...

Hubertine Auclert weigerte sich, ihre Steuern zu bezahlen, weil man ihr nicht das Wahlrecht gab. Clara Zetkin gründete 1892 die Zeitschrift »Die Gleichheit«, um ebenfalls für das Wahlrecht zu kämpfen. Es gab viele berühmte und weniger berühmte, tapfere Kämpferinnen gegen den Sexismus – Louise Michel, Flora Tristan, Pauline Roland und viele andere.

Aber die, die die Geister mehr bewegt hat als alle übrigen, die mit einem einzigen Buch mehr auslöste als andere in Jahrhunderten zuvor, das war Königin Simone – Simone de Beauvoir, genannt »der Biber«. Ihr Buch »Das andere Geschlecht«, in der Originalausgabe 1949 erschienen, wurde zu einer Bibel, es fuhr wie der Blitz in das elende Lebensgefühl der Hausfrauen: tausend kluge Seiten tiefschürfender Analysen auf anthropologischem, philosophischem und psychologischem Gebiet. Beauvoir untersuchte die Lebensbedingungen der halben Weltbevölkerung – ein unerhörter dunkler Kontinent.

Das war der Schlag ins Kontor, der die Erleuchtung brachte und das sogenannte schwache Geschlecht wie vom Donner gerührt zusammenfahren ließ.

Es waren nicht gerade wenige Frauen, die bei dieser Lektüre entdeckten, wie wenig beneidenswert ihr Schicksal tatsächlich war. Lag es daran, daß Beauvoir ihnen ihre traurige Lebenswirklichkeit vor Augen führte? Sicher, das auch. Lag es daran, weil Beauvoir sie dazu aufrief, sich für den eigenen Erfolg im Beruf und für die Gleichberechtigung durchzusetzen und das Joch der Unterdrükkung abzuschütteln? Sicher, das auch. Aber daran lag es nicht allein. Es lag vor allem daran, daß Beauvoir sich nicht damit zufriedengab, einfach nur zu erklären, daß die Frauen unterdrückt waren.

Auf Hunderten von Seiten schnauzte de Beauvoir ihre Leserinnen an.

Ja, was sage ich »anschnauzen«? Sie sagte ihnen die Meinung, daß es nur so krachte, sie kanzelte sie ab, verwarnte und rügte sie, sie maßregelte sie und stauchte sie nach Strich und Faden zusammen.

Wenn die Leserin mit der Lektüre fertig war, brauchte sie verflucht viel Eigenliebe, um sich noch im Spiegel anschauen zu können, ohne vor sich ausspucken zu müssen. Der vorwitzigste Macho hätte sich nie getraut, auch nur den zehnten Teil jener Forderungen an sein eigenes Geschlecht zu richten, wie Beauvoir das tat. Er hätte sich eher kastrieren lassen. Im Grunde wäre de Beauvoir besser als Mann zur Welt gekommen. Wahrscheinlich wäre sie einer von der schlimmsten Sorte geworden – ein Frauenfeind. Ganz ruhig, drapiert mit ihren famosen Turbanen, eingehüllt in ihre Selbstgewißheit, verpaßte sie (ganz kühl: »Es ist zu eurem Besten!«) Millionen unglücklicher Frauen einen Tritt, um den sie niemand gebeten hatte. Ihr zufolge besaßen diese Frauen nichts als Fehler. Eine war schrecklicher als die andere. Keine Art von Frauen fand vor ihr Gnade. Alle miteinander waren sie abscheuliche Schlampen, Nullen, lächerliche Figuren, Riesenrindviecher und Versagerinnen allererster Güte. Entweder waren sie widerliche Drachen oder kreuzdumme Luder. Es war wie auf der Kirmes, wo die Besucher beim Spiel »Haut den Lukas!« versuchen, dem Lukas nach Leibeskräften in die Fresse zu schlagen.

Die Ehefrau? »Da gibt es welche, die blasen sich mit dem Gefühl ihrer eigenen Wichtigkeit auf, bis sie zu tyrannischen Matronen werden, wahren Megären. Andere gefallen sich in der Rolle des Opfers oder verewigen das narzißtische Verhalten, das wir bereits am Beispiel des jungen Mädchens erläutert haben.« Und weiter: »Die Ehe macht aus ihnen männerfressende Heuschrecken, Gottesanbeterinnen, Blutsaugerinnen und Giftmischerinnen.« Wir verstehen leicht, warum Beauvoir sich nie verheiratet hat, wo sie doch so erbittert gegen die Ehe war. Sie hatte Angst, selbst in diese verfluchte Kategorie zu fallen.

Die Mutter? Für Beauvoir gibt das ein Fest, aber eines ohne Blumen. Die Mutter ist frustriert, herzlos und bösartig, eine Mischung zwischen der bösen Schwiegermutter in »Schneewittchen« und der säuischen Gouvernante Folcoche in *Vipère au poing* von Hervé Bazin (1957). »Die Mutter ist fast immer eine unbefriedigte Frau, der das Kind geknebelt und gefesselt überlassen wird. Wir erschrecken über das Ausmaß, in dem die hilflosen Kinder solchen Müttern ausgeliefert sind. Unter ihnen gibt es den Schlag der sadistischen Mütter, die launenhaft sind und denen es Lust bereitet, Herrschaft auszuüben.« Königin Simone hat sich entsprechend ihr Leben lang gehütet, Kinder zu bekommen. Mutterschaft macht notwendig bösartig.

Und die Sache wird auch nicht besser, wenn das Kind mal größer wird. Ganz im Gegenteil: »Sobald das Kind sich von ihr ablöst, untergräbt es die Hoffnungen seiner

Mutter, mag sie ihm gegenüber leidenschaftlich oder feindselig eingestellt sein.« Simone de Beauvoir läßt uns erschauern vor dem Märtyrerschicksal dieser unzähligen Kinder, die auf dem Altar der Mutterliebe geopfert werden.

Die liebevolle Mutter ist im Grunde nicht die bessere Mutter, denn in Wirklichkeit ist sie zur Liebe gar nicht fähig: »Genau, weil sie sich selbst niemals vergessen kann.« Schwupp! Ein kleiner Schlag gegen den »natürlichen« Egoismus der Frau. Wer gebären kann, ist doch unfähig, ein Genie zu sein: »Es gibt Frauen, die verrückt sind, und es gibt Frauen, die Talent haben. Keine aber besitzt jene Art von verrücktem Talent, die man Genie nennt.« Und noch ein kleiner Boxschlag ins Gesicht. Wir können uns drehen, wie wir wollen, die Frau hat nichts als Fehler: »Bei Frauen trifft man selten eine Vorliebe für das Abenteuer an, für Erfahrungen, die um ihrer selbst willen gemacht werden und um sich ungebunden der Neugier zu überlassen. Die Frau bleibt beherrscht und eingeschlossen vom männlichen Universum.«

Und so weiter – alles in demselben Ton. Ganze Kapitel, in denen Beauvoir den Frauen die Leviten liest, diesen hysterischen Weibchen mit ihren niveaulosen Eifersuchtsgefühlen, lauter kokette, launische, eitle und masochistische Tropfe. Hätte Beauvoir so etwas auch über Männer geschrieben? Hätte sie auch über sie soviel zu sagen gewußt?

Das führte alles bis zu einem bestimmten Punkt.

Denn wenn »Das andere Geschlecht« so einen Radau verursacht hat, dann nicht um der Berechtigung der dort entwickelten Thesen willen (wer unter uns würde nicht zugeben, daß wir uns zuviel zugemutet haben?) als um der Strenge – ach, was sage ich –, um der Bissigkeit willen, mit der Beauvoir den Frauen ihre Vorschläge unterbreitet. Tausend Seiten angeschnauzt zu werden ist schon recht viel für ein Geschlecht allein, selbst wenn es nur »das andere« sein soll. Wir haben es nicht ausgehalten. »Wir sollen das sein, die sie da auf so würdelose Art vorführt?« haben wir uns gefragt. »Na gut – dann kann sie jetzt was erleben. Wir werden ihr ganz einfach zeigen, daß wir nicht die Dummköpfe sind, die sie beschreibt. Erheben wir uns, Schwestern. Zeigen wir ihr, was wir zu leisten imstande sind, wie wir uns einzuheizen vermögen!«

So hat sich ein paradoxer Gegensatz ergeben. Denn wenn Simone de Beauvoir ihr Ziel erreicht hat, die Frauen aufzurütteln und sie an der Macht zu beteiligen und sich von zweitausend Jahren der Sklaverei zu befreien, dann ja indem sie sie beleidigt hat, indem sie ihnen gesagt hat: »Ich halte wenig von euch!« Dabei hat sie sich gewiß keine Zurückhaltung auferlegt. Kurz, sie hat die Frauen auf traumatische Weise erschüttert. Sie hat ihr Meisterwerk jedoch kaum aus Liebe zum eigenen Geschlecht verfaßt, auch nicht, weil sie so eine gute Seele gewesen ist oder Mitleid mit uns hatte – sondern weil sie sich schämte, eine Frau zu sein. Viel später haben dann andere, viel liebenswertere Feministinnen es unternommen, das Gefühl zu feiern, eine Frau zu sein. Sie komponierten Oden an die Schwesternschaft, sie berauschten sich an ihrer Vagina, ihrem runden, fruchtbaren Bauch und ihren Brüsten und freuten sich, keine Hoden zu haben. Die Autorin Annie Leclerc verfertigte daraus einen bebenden, liturgischen Sprechgesang: »Zu sehen und zu fühlen das Blut, wie es heiß und zart aus mir fließt, wie es einmal im Monat der Quelle entspringt, macht mich so glücklich! Jene Vagina zu sein, das offene, geheime Auge, das die nächtlichen Fermentationen des Lebens schaut, bedeutet mein Glück!« (*Parole de Femmes*, 1975). Heute lachen wir darüber Tränen, über die Sonate auf die Menstruation, die Hymne an den Eierstock, den Liebesgesang für den weißen Ausfluß – wir finden das schmierenkomödiantisch, tragisch, peinlich. Wir schämen uns für solche Autorinnen. Dabei haben sich damals so viele von uns überschlagen, dieses regelrecht feuchte, klebrige Buch in die Finger zu bekommen. Immerhin ist es ein Standardwerk des feministischen Kampfs.

So was zu schreiben hat sich Beauvoir vollkommen verkniffen. Sie stand auf die strenge Tour – auf Vorhaltungen und vorwurfsvolle Äußerungen. Sie spielte die harte, aber gerechte Mutter, die ihren Töchtern die ganze Wahrheit ins Gesicht sagt, selbst wenn es weh tut: »Meine Kleinen, ihr seid häßlich und ziemlich bescheuert, aber mit einiger Anstrengung – und ich, eure Mutter, werde euch dabei helfen – werdet ihr wenigstens oder doch halbwegs vorzeigbar werden!«

Frauen machen Zoff

Wenn wir mal absehen von Beauvoirs einigermaßen zwiespältiger Grundeinstellung gegenüber den Frauen und wenn es so ist, daß das Ziel die Mittel rechtfertigt, dann müssen wir anerkennen, daß sie eine Lawine ausgelöst und Prozesse in Gang gesetzt hat, die nicht mehr umzukehren sind. Nach Simone de Beauvoir kamen andere Feministinnen, die kühn genug waren, sich genauso gegen Beauvoirs Verachtung für das eigene Geschlecht wie gegen die Männerherrschaft aufzulehnen. Sie organisierten sich, um die Lage ihrer Geschlechtsgenossinnen ein für allemal zu bessern. So begann der Umsturz.

Neue Frauen traten auf den Plan – Betty Friedan, Kate Millett, Germaine Greer und viele andere zornige junge Amerikanerinnen, die in den Vereinigten Staaten die Grundmauern einer Kathedrale für den Feminismus errichteten. Ihr Baumaterial waren die gewichtigen Bücher, die sie schrieben.

In Frankreich war es der Mai 1968, der wie ein Funken im Pulverfaß wirkte. Die Frauenbewegung kam über Nacht – vertreten von Gisèle Halimi, Benoîte Groult, Françoise Giroud, Evelyn Sullerot, Hélène Cixous, Xavière Gauthier und vielen anderen, die das Streitroß der Emanzipation sattelten (und es so zu ihrem Steckenpferd machten).

Es geschahen ganz unglaubliche Dinge – Köchinnen kochten über vor Ideen, Hausfrauen räumten radikal mit alten Vorurteilen auf, Sekretärinnen tippten nicht mehr, sondern ballten die Fäuste, Mütter sagten sich los und suchten das Weite, BHs wurden verbrannt, und am Triumphbogen wurde ein Blumenkranz niedergelegt – zum Andenken an die Frau des Unbekannten Soldaten (»die immer noch wesentlich unbekannter ist als er«). Es gab Demos und Unterschriftensammlungen, Filmstars wie Jeanne Moreau reihten sich ein, und bald wehte überall die lila Fahne der Emanzipation, und die männlichen Sklavenhalter waren mit ihrem Latein am Ende.

»Ja, was wollen die denn eigentlich?« fragten sich die besorgten Männer, deren Tonlage von der spöttischen Ironie bald in nackte Angst umschlug. Schließlich erklärten sie sich »total betroffen«.

»Ja, wirklich – was wollen die denn?« fragten sich auch die übrigen Frauen, ich selbst und Sie und alle unsere Freundinnen, die wir uns das von weitem (aber doch mit wachsendem Interesse) anschauten.

Alles – die Emanzen wollten alles. Sie wollten beweisen, daß sie keine hysterischen Hausfrauen waren, und verlangten für die Frauen bessere und kreativere Arbeitsbedingungen. Das und mehr Spaß am Sex. Sie wollten nichts mehr von dem ganzen Zeugs wissen, das unsere Mütter uns vererben wollten – Zwänge wie das Schminken und sich von Kerlen anmachen zu lassen, die Betonung unseres Aussehens, der Ehe, der Familie und so fort. In ihren geflochtenen Körben schleppten sie genau wie in ihren Köpfen (unter hennagefärbten Schöpfen) das große, wilde Durcheinander der 68er Ära mit sich herum.

Wir anderen übrigen Frauen nahmen an dem fröhlichen Zoff, den die Feministinnen veranstalteten, Anteil. Was sie taten, berührte uns sehr tief. Was sich gerade darin zeigte, wie wir unsere Sätze häufig mit der Einschränkung begannen: »Ich bin zwar keine Feministin, aber . . .«

Die Feministinnen arbeiteten für uns – sie dachten und schrieben und kämpften für uns. Selbst wenn sie es auf die Spitze trieben. Hat wirklich eine von uns je im Ernst daran gedacht, einen der Kerle von der Gegenseite zu kastrieren? Der Gedanke hat schon genügt, um uns ein teuflisches Behagen zu bereiten. Es gab so viel Neues für uns, hier eine Demo, dort eine Solidaritätsveranstaltung, Buchläden für Frauen, Zeitschriften für Frauen, lauter Orte, wo überhaupt nur Frauen reingelassen wurden und an denen wir uns in einer Frauensprache übten. Die Luft war klarer als zuvor, und der Himmel schien uns zu gehören. Jeden Tag entdeckten wir Neues – wir erlebten zum ersten Mal Solidarität und richtige Freundschaft unter Frauen. Wir liefen Arm in Arm auf den Straßen und fühlten uns, als hätten wir Flügel bekommen. Wir machten Erfahrungen, die unbezahlbar waren.

Im Gegensatz zu Beauvoir sagten uns die Emanzen, wir seien göttlich, klug und vollkommen und daß wir als Frauen über tausend fabelhafte geschlechtsspezifische Vorzüge verfügten, die wir nur zu entdecken brauchten. Was uns manchmal perplex machte, war, wie sie es fertigbrachten, Gleichheit und Unterschiede im Verhältnis zwischen Männern und Frauen nebeneinander anzupreisen. Wir suchten also nach unseren geheimen Vorzügen und kämpften im übrigen um die Gleichberechtigung, wobei wir schnell merkten, daß wir in keinster Weise gleich waren. Alles, was die Männer besaßen, war nur ein bißchen Penis, dessen sie sich ohne Verstand bedienten, wie Tiere. Wir dagegen trugen ganz andere, viel raffiniertere Trümpfe in unserem Körper, die es jetzt auszuspielen galt.

Die Pille war Gold wert

Damals haben wir uns auch die sexuelle Freiheit erkämpft. Sie sollte ein Schlüssel sein, um die Schlösser unserer Ketten zu öffnen. Die Pille kam 1967 nach Frankreich – dank Margaret Sanger, der amerikanischen Pionierin der Geburtenkontrolle. In Frankreich war Lucien Neuwirth für die entsprechende gesetzliche Regelung verantwortlich. Der nächste Schritt war die Legalisierung der Abtreibung in Frankreich. Wir konnten uns dafür bei

343 Feministinnen bedanken, die 1971 in einer berühmten Erklärung zugaben: »Wir haben abgetrieben!« Die Anwältin Halimi und viele andere kämpften die Sache bei den Gerichten durch.

Bedanken konnten wir uns auch bei den vielen Frauen, die demonstriert haben, die den Mut zur Militanz hatten, bei all jenen Hexen, den besessenen, lüsternen Frauen, ohne die wir heute wahrscheinlich immer noch auf die Engelmacherinnen angewiesen wären.

Wir haben hier wie im Berufsleben keine halben Sachen gemacht. Endlich konnten wir lieben, ohne uns vor der Schwangerschaft fürchten zu müssen und gegen unseren Willen vor dem Priester und auf dem Standesamt zu landen. Der siebte Himmel gehörte uns, und wir brauchten keinen Fallschirm mehr. Denn wir konnten jetzt selbst haargenau bestimmen, wann wir Lust hatten und wann nicht: ja, wenn wir ja meinten, und nein, wenn wir nein meinten. Wir, die Verdammten der Liebe, waren endlich frei! Wir würden nie wieder gegen unseren Willen mit einem Kerl ins Bett gehen.

Der Sieg war unser

Befreit von der Angst vor der Ehe als Sackgasse und vor unerwünschten Kindern konnten wir uns einer neuen Leidenschaft zuwenden – dem beruflichen Erfolg.

Beauvoir hatte die Sache als eine der ersten kapiert. Bei allen Beschwerden und Übeln, unter denen die Hälfte der Menschheit litt, empfahl die Dame mit dem Turban vor allem eins: Arbeit. Es war eine radikale Lösung, um endlich die gewünschte Freiheit zu erreichen: »In einer Welt, in der Frauen und Männer wirklich gleich sein sollen, haben Frauen so ranghohe Stellungen und Funktionen wie Männer und finden für ihre Ausbildung nicht weniger gute Bedingungen vor als die Männer.« Diese hervorragenden Absichtserklärungen brummen uns seit zwanzig Jahren durch den Kopf (siehe dazu mein Kapitel über Managerinnen und Mütter). Wir haben uns in Breschen geworfen, die unter dem Ansturm der großen Zahl dann zusehends breiter wurden. Vorher hatte man uns keine Wahl gelassen – wir konnten wählen zwischen untergeordneten Tätigkeiten und untergeordneten Tätigkeiten. Dann holten wir uns die Studienabschlüsse in Recht, Wirtschaft oder Medizin und schauten nicht auf die Konsequenzen, die sich daraus für die Familie ergeben würden.

Wir haben die akademischen Bastionen im Sturm genommen. Wir waren vernarrt in unsere Diplome und haben unseren warmen Platz am Herd ohne zu zögern gegen einen schwierigen Platz in der Universität vertauscht. Wenn wir uns zu Anfang etwas zurückhaltend zeigten, dann wegen der alten Vorurteile, die hier herrschten. Aber wir wollten zeigen, daß wir hier genauso Gutes zu leisten vermochten, vorausgesetzt, man stellte uns die entsprechenden Mittel zu Verfügung. Schließlich stellten sich Erfolge ein wie der von Anne Chopinet an der Technikerhochburg der *Ecole Polytechnique* oder wie die Leistung von Françoise Chandernagor, die an der Elitehochschule *Ecole Nationale d'Administration* Jahrgangsbeste wurde. Danach gab es kein Halten mehr. Frauen mit abgeschlossenem Hochschulstudium dachten nicht mehr daran, für die Kollegen den Kaffee zu kochen. Sie wollten für das bezahlt werden, was sie gelernt hatten, nicht für das, von dem man der Ansicht war, daß sie es bald lernen *würden*. Es wurde wichtiger als alles andere für uns, jetzt erst einmal herauszukommen und den Geruch der großen weiten Welt kennenzulernen.

Was wir dort vorhatten? Egal, wir waren bereit, überall anzufangen. Zur Not verkauften wir eben Obst. Es brauchte nur eine Weile (während der uns die Obstverkäufer mißtrauisch beäugten), dann waren die Mutigsten unter uns schon Leiterin der Obstabteilung, hatten durch harte Arbeit bald ihr erstes eigenes Obstgeschäft und zogen schließlich eine Kette von Obstboutiquen im ganzen Land auf.

Es war doch klar, daß wir uns mit weniger nicht zufriedengeben konnten. Wir mußten viel erreichen, um uns und *ihnen* zu beweisen, was wir konnten. Es gab ja immer noch einen ganzen Haufen Männer, die der Ansicht waren, daß Aschenbrödel eigentlich hinter den Herd gehört. Wir haben uns also nicht nur wie erwachsene Frauen durchgeschlagen. Wir haben Erfolg gehabt, den wir mit *ihren* Methoden erzielten. Wir äfften die Methoden der Männer nach, schließlich hatten wir nicht groß Zeit (oder fehlte uns das Zutrauen?), uns dazu auch noch völlig neue, eigene Methoden zurechtzulegen.

Wir lernten den phallischen Umgang mit Macht und Gewalt und waren uns für keinen Kleinkrieg zu schade.

Das alles geschah in bloß zwanzig Jahren, ein Aufstieg, der uns nicht schnell genug gehen konnte und der sich trotzdem bisweilen als zu schnell erwiesen hat: Wir sind aus der Steinzeit ins Atomzeitalter übergewechselt, vom Neandertal nach Tschernobyl und haben dabei eine kräftige Dosis Strahlung abbekommen. Wir haben die Welt beileibe nicht nach unseren Vorstellungen warmherziger, menschlicher und freundlicher gestaltet, sondern wir haben den Männern (die wir bis vor kurzem als unsere natürlichen Feinde ansahen) ihre schlimmsten Handgriffe abgeschaut, so daß es uns ergangen ist wie bisher noch allen Revolutionären: Am Ende tragen sie genau die Krone und das Zepter des Königs, den sie zum Teufel schickten.

Aber das haben wir nicht sofort kapiert. Wir wollten erst mal unseren Sieg genießen. In den siebziger Jahren sind wir als bunter Haufen durch die Straßen gezogen wie eine einzige Frau – alle mit vom Wind zerzausten Haaren, Hand in Hand unterwegs im Licht der untergehenden Sonne, voller Hoffnung auf einen Morgen, an dem alle Menschen Schwestern würden.

Wie sich die Zeiten ändern

Heute, nachdem wir uns soviel erkämpft haben und uns soviel vorgespiegelt haben (das Ende der Familie, das Ende der Ehe und der Frau als Sexualobjekt), nachdem wir Mut gefaßt und vor Freude getanzt haben, haben sich die Feministinnen und der Feminismus ganz verstohlen auf den Rückzug gemacht.

Ganz sachte ist die Schwesterlichkeit aus der Mode gekommen. Die Frauen selbst hatten davon langsam die Nase voll und wollten nicht ständig zu neuen Vollversammlungen einberufen werden. Sie haben Lust gehabt, Frieden zu schließen. Als der Kampf einmal ausgestanden war, haben sich unsere Anführerinnen denselben Dingen zugewandt, denen auch die entsprechenden Männer frönen – unsere Berufsrevolutionärinnen finden sich heute in der Werbung wieder oder engagieren sich (wenigstens) für die Menschenrechte. Sobald diese Frauen umgeschwenkt waren, die wildesten und entschlossensten Kämpferinnen, gab es bald auch keinen Grund mehr für uns übrige Frauen, weiterzumachen. Es war ja auch nicht sehr praktisch, ständig im Kampfanzug herumzulaufen. Waren wir nicht emanzipiert genug? Wir wollten uns ja auch keine Überdosis verpassen.

Wir haben also unsere ganzen schönen Plakate und Spruchbänder in den Schrank gestellt, da, wo wir schon die geflochtenen Körbe und die bestickten Folklore-Klamotten abgelegt hatten. Statt dessen sind wieder falsche Wimpern angesagt. Wir haben von neuem gelernt, den Hintern zu schwenken wie Marilyn Monroe (ohne dabei Beauvoir ganz aus den Augen zu verlieren). Heute jonglieren wir mit dem Computer, mit Wertpapieren und neuen gefährlichen Ansteckungskrankheiten. Und wenn die Yuppies die Groupies abgelöst haben, liegt das auch ein wenig an den Zeiten, in denen wir nun leben. In den achtziger Jahren haben wir wieder Geschmack am guten Essen und an schönen Schuhen (mit möglichst hohen Absätzen) gefunden. All die guten alten Wertmaßstäbe wie die Familie, der Beruf, selbst das Unternehmertum, Keuschheit und die Treue (dank Aids) sind wieder ans Tageslicht geholt worden. Wir haben den diskreten Charme bürgerlicher Kompromisse entdeckt: Während die Linke auf ihrem langen Marsch schließlich Institutionen wie die Börse, den Golfplatz und den Herrenausstatter erreicht hat, hat sich die Rechte nach anfänglichem Zögern mit Blue jeans, Ikea-Möbeln und der Ehe ohne Trauschein angefreundet. Plötzlich hat uns eine Sehnsucht nach den Ehemännern überfallen, die wir erst noch finden mußten, nach den schönen Wohnungen, die einzurichten wir noch gar keine Zeit gehabt hatten, und schließlich nach unseren Babys, die erst noch geboren werden wollten.

Klar – wir sind auf unserem emanzipatorischen Weg nicht umgekehrt, an dessen Ende uns die Freiheit winkt. Aber wir haben unterwegs doch das ungute Gefühl bekommen, wir hätten etwas Wichtiges vergessen.

Klug, unabhängig und verdammt einsam

Es gibt Frauen, die schauen nur noch auf ihren Beruf und den Verlauf ihrer Karriere, weil sie glauben, sich den ganzen Rest sparen zu können: Familie, Herd und Ehemann. Ich nenne diese ganze neue Gruppe von Frauen weibliche Machos. Sie sind verführerisch, klug, unabhängig – und verdammt einsam. Sie sitzen in der Klemme zwischen den gegensätzlichen Ansprüchen, die sie ans Leben stellen. Zwar haben sie die Befriedigung gefunden, die sie sich von ihrem Beruf erwarteten, doch um den Preis, ganz allein leben zu müssen.

Früher waren wir ganz versessen auf akademischen und beruflichen Erfolg und hätten uns im Traum nicht vorstellen können, nur noch einen Mann in unserem Leben zu haben. Nachdem wir uns erfolgreich qualifiziert hatten und nebenbei reichlich Liebhaber ausprobieren konnten (im Schnitt so an die dreißig), haben sich bei uns auf einmal neue Wünsche bemerkbar gemacht: Kinder und ein Heim. Wir bekamen mit einem Mal ein unbestimmtes, fast stechendes Gefühl, wenn wir alte Bekannte wiedergesehen haben, die häufig dümmer und häßlicher waren als wir selbst, sich aber den ersten besten Spitzenabsolventen gekrallt hatten, um dann mit einem albernen Lächeln auf ihren Bauch zu schauen, der zusehends schwangerer aussah. Ach ja – die kriegt jetzt schon das dritte. Warum ist uns das früher nie in den Sinn gekommen?

Die ebenso emanzipierte wie alleinstehende Frau ist zu einer neuen gesellschaftlichen Tatsache geworden. Es gibt davon Tausende: Anwältinnen, Zahnärztinnen, leitende Angestellte, Architektinnen, Chirurginnen. Sie teilen das Schicksal, daß ihr Charme sich im Lauf der Zeit als immer weniger zugkräftig erwiesen hat. Da gibt es ganz klar Statistiken: Vierundzwanzig Prozent der weiblichen Manager sind einsam, bei den Arbeiterinnen nur zehn Prozent. Das sind vierundzwanzig Prozent jener hochbegabten Dummköpfe, die geglaubt haben, ein tolles Diplom und ein hohes Gehalt würden für sie den Schlüssel zum Lebensglück bedeuten.

»Einer Studie zufolge, die an den Universitäten Harvard und Yale erarbeitet wurde, ist für eine Frau über fünfunddreißig die Chance, noch einen Ehemann zu finden, so groß wie die Wahrscheinlichkeit, bei einem Terroranschlag ums Leben zu kommen«, berichtete das Nachrichtenmagazin *Le Point* im April 1987. Eine ganz schön pessimistische Bilanz. Sollten wir uns da vielleicht Hoffnungen machen, weil die Zahl terroristischer Anschläge im Steigen ist?

Es gibt aber auch eine Menge Frauen, die irgendwie alles geregelt bekommen, Beruf und Familie, Ehe und wechselnde Geliebte, und die sehen jetzt auch ziemlich schlecht aus. Wir wissen, von wem hier die Rede ist. Die Mädels, die da in der Klemme sitzen, sind die guten alten Superfrauen. Ob sie nun verheiratet sind oder nicht, sie haben alle Probleme.

Sie sind einem Wahn erlegen, der den feministischen Weiblichkeitswahn glatt ersetzt zu haben scheint – dem Mythos von der perfekten Frau, die alles kann. Die einen betrachten dieses Image nur mit Neid, die anderen wollen ihm so nah wie möglich kommen. Letztlich laufen wir diesem Mythos alle wie verrückt hinterher. Die Werbeleute und die Meinungsforscher nähren ihn denn auch fleißig.

»Heute können Frauen alles«, verkündet der Expertenchor. Sie sprechen uns ihren herzlichen Glückwunsch aus.

Wenn es nach ihnen ginge, wäre der Kampf um die Emanzipation bereits erledigt. Auch wenn da noch einiges zu tun bleibt. »Na gut, ihr habt nicht alles bekommen, was ihr wolltet. Aber man kann im Leben nicht alles haben, nicht wahr?« erzählen sie uns. »Nach allem, was ihr schon erreicht habt, sind die armen Kerle sowieso schwer unter Schock. Die sind so unglücklich, daß sie nicht mehr wissen, wo ihnen der Kopf steht. Also – laßt mal ein bißchen locker. Eure Emanzipation ist schließlich *euer,* nicht unser Problem.«

Tja – merken Sie was? Wir haben darauf gar nichts mehr geantwortet.

Wo sind die Emanzen hin?

Wir hätten doch eigentlich annehmen können, daß unsere Befreierinnen, die uns die ganze Richtung vorgegeben hatten, aus diesem Wespennest von Schwierigkeiten wieder heraushelfen. Von wegen. Heute, wo wir sie so nötig bräuchten, sind sie einfach nicht mehr da.

Betty Friedan, Germaine Greer und die übrigen Autorinnen scheinen heute merkwürdigerweise alle auf einer Wellenlänge zu senden. In ihren klugen Texten verbreiten sie sich ganz unauffällig über genau die konservativen Wertmaßstäbe, die in den achtziger Jahren angesagt sind: Familie, Keuschheit, Ehe, Treue und passend zum Zeitgeist das, was ich *Coolness* nennen möchte.

Ihre Sprüche haben sich grundsätzlich gewandelt. Ohne auch nur kurz zu zögern, schwören sie heute genau den Grundsätzen ab, die sie gestern erbittert verteidigten. Dieselbe Germaine Greer, die in den sechziger Jahren im Vorwort ihres Buchs »Der weibliche Eunuch« schrieb: »Dieses Buch ist subversiv. Herkömmliche Moralisten mögen sich darüber aufregen, wie hier die Werte von Familie und Mutterschaft fallengelassen werden und daß hier diskutiert wird, ob Frauen in Wirklichkeit keineswegs monogam sind«, behauptet zwanzig Jahre später in einem Gespräch mit der Zeitschrift *Elle*: »Ich glaube, ein angenehmes Zuhause ist für Frauen eine lohnende Sache und kann selbst ein Kunstwerk darstellen. Was den Beruf betrifft, ist es ganz schön, wenn eine Frau so weit aufsteigt, daß sie die Klos in der Chefetage benutzen darf. Aber Klos sind schließlich immer noch Klos.«

Und was Betty Friedan betrifft, hat sie ja ein totales Schuldbekenntnis abgelegt: »Mein Buch ›Der Weiblichkeitswahn‹ hat nicht genügend die Befriedigung ausgedrückt, die uns ein Heim und Kinder vermitteln können ... die Feministinnen, die das herabsetzen, bilden einen traurigen Gegensatz zur Mehrheit der Frauen ...«

Es ist schon traurig, mit ansehen zu müssen, wie die gleichen Frauen das Feuer jetzt austreten möchten, die es einst entzündet haben, wie so aus wilden Hexen brave

Großmütter werden und sich die lüsternen Luder von früher eine nagelneue Jungfräulichkeit zurechtlegen. Die Theoretikerinnen der Revolution schwören nur noch darauf, nette Enkel zu haben und gut zu essen. Erst haben sie uns verführt, dann haben sie uns fallengelassen. Sie haben uns regelrecht betrogen. Wir können ihnen doch jetzt nicht wieder zurück in ihre neuen alten Gedankengänge folgen, selbst wenn wir es wollten. Wir sind doch schon viel zu weit gekommen, um uns wieder auf den Rückmarsch zu machen.

Selbst die Einrichtungen mit dem großen F für Frauen scheinen mittlerweile im Weltraum verschollen zu sein. Bei uns in Frankreich gab es Frauen wie Françoise Giroud und Monique Pelletier, die sich auf hohen Regierungsposten um die Probleme der Frauen kümmern sollten. Was ist davon heute übriggeblieben? Eine untergeordnete Sonderbeauftragte für Frauenfragen, Hélène Gisserot, die kein Mensch kennt.

Was denn? Gibt es nicht eine unter uns, die uns beim Schopf packt und wieder auf die Beine hilft, bevor wir in diesem zähen Morast der Trendwende versinken? Gibt es nicht eine, die den Massen klarmacht, daß wir es heute noch schlimmer getroffen haben als früher, auch wenn der Schein trügt? Daß wir bescheuert sind, wenn wir nicht merken, was hier gespielt wird?

Gibt es nicht eine, die den Frauen mal wieder die Meinung geigt, was für einen hoffnungslosen Balanceakt wir jeden Tag aufs neue zustande bringen sollen? Ist denn keine bereit, die perversen Auswirkungen dieser Emanzipation anzuprangern, die für uns das höchste Stadium der Sklaverei bedeutet? Nichts da. Kein Anschluß unter dieser Nummer. Unsere Verteidigerinnen haben sich abgemeldet, haben den Koffer gepackt und sind mit Sack und Pack über alle sieben Berge, womöglich in der irrigen Annahme, sie hätten uns nichts Neues mehr zu sagen.

Vielleicht bieten die neuen amerikanischen Feministinnen Anlaß zu ein wenig Hoffnung. Sie sind uns dort ja immer um zwei oder drei Längen voraus. Diese Frauen wollen endlich Schluß machen mit »dem zeitgenössischen Mythos von der Superfrau«. Aber wie viele denken dort bereits so? Ein paar? Oder noch weniger? Und wie viele von ihnen bräuchten wir, um all jene Frauen wachzurütteln, die schon wieder glauben, sie hätten ihr Schicksal fatalistisch zu ertragen?

Und wir? Wir, die wir an die Feministinnen geglaubt haben und an die Neuen Männer? Wir sind mal wieder reingelegt worden. Nach allen Regeln der (Koch-)Kunst? Ist der Herd am Ende doch unsere wahre Bestimmung?

11 Schuld haben die Neuen Männer (die alten sowieso)

»Ich finde das so scharf
Die Neuen Männer in den Zeitschriften
kochen toll und tragen tolle Sakkos
aber ich darf das nicht zugeben
das wär' ganz schlecht für mein Image
obwohl ich doch was brauche
was für zwischen die Finger
keine Peep-Show, echt zum Anfassen
ich brauch' große Brüste und große Ärsche
ich brauch' doch was für zwischen die Finger.«

Alain Souchon, 1986

Männer, die uns gern haben können

»Ich bin ein Bluff, nichts als ein Bluff«, erkannte schon Alain Souchon in einem seiner gelungeneren Chansons. Seine Tour war der zärtliche Blick, das spöttische Lächeln und eine Art, sich wahnsinnig zart und fragil zu geben, als wäre er ein ewiges Kleinkind. Er verkörperte auf unwiderstehliche Weise die feministische Erfindung des Jahrhunderts – *den Neuen Mann.* Er ist kein böser Macho, sondern ein liebes Schmusebärchen, dem wir das Fell nie gegen den Strich bürsten würden, wie das bei Tarzan und seinen Freunden bitter nötig war.

Er sang Lieder wie *J'ai dix ans* oder *Allo maman bobo,* die uns so zum Schmelzen brachten, daß wir uns gleich auf ihn stürzen wollten, um ihn zu versorgen, diesen armen Kleinen, der immer traurig war und dem es ganz schrecklich ging, wenn ihn seine Freundin verlassen hatte.

Dieser Neue Mann war doch das, was wir uns erträumt

hatten. Nicht umsonst waren unsere Kinostars damals Leute wie Woody Allen, Serge Gainsbourg, Richard Dreyfuss und alle diese kleinen, nicht besonders schönen Männer mit den komischen Nasen, die meist schlecht rasiert waren und einen liebenswert kläglichen Eindruck machten und deren Stärke sich nicht auf dem Gebiet der Muskeln, sondern auf dem der Seele zeigte – hochbegabte, ungelenke, charmante kleine Burschen mit Komplexen, die immer einen gewissen Sprung in der Schüssel hatten. Wenn sie mit uns gingen, dann mit einem Lächeln, weil sie gar nicht traurig sein wollten, sondern vorhatten, uns zum Lachen zu bringen. Aus purem Instinkt, mit einer teuflischen, fast weiblichen Einfühlungsgabe hatten sie sich auf die richtige Seite geschlagen – unsere.

Als dieser neue ideale Mann zu Beginn der siebziger Jahre auf den Plan trat, mußten wir über ihn lachen und waren gleichzeitig gerührt. Ein gutes Zeichen. Schließlich hatten wir seine Geschlechtgenossen gründlich satt, die männlichen Chauvinisten jeglicher Couleur.

Mit *ihm* würden wir frei sein, in eine neue Welt aufzubrechen, wo wir einander endlich Geliebte und Freunde sein konnten, die sich wahrhaft ergänzten. Halb waren sie ja schon so wie wir, ja, sie waren selbst im Begriff, sich zu emanzipieren. Zumindest glaubten wir das.

Wer hat Rambo reingelassen?

Denn in Wirklichkeit war alles doch ganz anders. Wir haben uns in dieser Figur nämlich geirrt, und das gründlich. Sie war nichts als eine Rolle. Hat es ihn etwa wirklich gegeben, den Neuen Mann, den wir uns zärtlich, liebevoll und zuvorkommend gewünscht haben, ausgestattet mit allen Eigenschaften eines Märchenprinzen? Wo steckt er denn heute? War er in Wirklichkeit nicht nur eine zarte Illusion, ein Traumbild, das unserer Einbildung entsprungen und dann wie heute üblich durch die Medien vervielfältigt und aufgeblasen worden war?

Die Frage paßt, vor allem, wo sich mittlerweile herausgestellt hat, daß die bessere Zukunft noch eine Weile auf sich warten läßt. Diese zerbrechliche Spezies, der Neue Mann, scheint ausgestorben zu sein. Selbst Alain Souchon hat uns hinters Licht geführt. Aus dem zartfühlenden Sänger ist ein harter Ledermann geworden, der nichts mehr als Sex im Kopf hat. Und was uns jetzt bevorsteht, können wir an Rambo ermessen, bei dem sogar die Bauchmuskeln gut definiert sind und von dem keiner weiß, wie er eigentlich zur Tür hereingekommen ist.

Und dennoch hatte es am Anfang so gut geklappt. Wir hatten felsenfest an diesen neuen Typ Mann geglaubt, der sich von seinen Vätern unterschied und den wir einfach für uns erfinden mußten, um den alten zu ersetzen, der für unseren Geschmack viel zu anstrengend war.

Wir hatten doch einfach die Nase voll von Machos, Schwanzwedlern, Saukerlen, Sadisten, Frauenfeinden und Tyrannen. Von den Töchterschändern, den wilden Fickern, eifersüchtigen Ehemännern, unzuverlässigen Liebhabern, Schürzenjägern, den billigen Abschleppern, Vorstadt-Casanovas, den Muskelmännern, Meister Propers, geckenhaften Bademeisterfritzen und anderen Typen der untersten Kategorie, die alle seit Urzeiten mit ihrer angeblichen Überlegenheit über das sogenannte schwache Geschlecht gewappnet waren. Sie dachten mit den Hoden, ihr Portemonnaie war ihr Bizeps, einfach alles an ihnen war uns *genetisch* überlegen. Seit Ewigkeiten besaßen wir in ihren Augen überhaupt keine Seele. Bloß Titten, Arschbacken, Muschis, für den ausschließlichen Gebrauch der Eigentümer reserviert. Und dann haben wir natürlich auch ein Herz gehabt. Davon haben sie uns sogar das Monopol zugestanden, von der Lippe weg. Aber das galt nur für den Stil der billigen Heftchenromanze, die kleine Mädchen zum Weinen bringt. Ihr Motto war: »Sei hübsch und halt die Klappe.« Wir waren der Typ schöne Topfpflanze, gerade gut, um begossen zu werden.

Und dann eines schönen Tages haben die großen Stummen die Sprache wiedergefunden. Haben wir uns verändert? In Bewegung gesetzt? Nun, dann müssen sie auch aufwachen und sich erheben. Ansonsten tschüs, ihr Hampelmänner, auf Nimmerwiedersehen ...

Der Henker und sein Opfer

Anfangs haben wir dann aus Rache daran gedacht, ohne Rassenunterschiede einfach jeden zu boykottieren, der einen Penis trägt. Wir schlossen sie aus unseren Gruppenspielen aus. Alles Böse dieser Welt kam von ihnen. Einfach alles. Hatten wir einen mittelmäßigen Job? Dann war das die Schuld des Uni-Profs, der uns nichts beigebracht hatte. Die miese Bezahlung schrieben wir dem Chef zu, der die Gehaltserhöhung seinem Betthupferl vorbehielt. Waren wir einsam? Da waren diese wilden Tiere schuld, die nicht wußten, wie sie uns lieben sollten. Hatten wir unsere Tage? Schuld war der böse männliche Gott (noch ein Frauenfeind), der uns nicht so wie seinen Adam geschaffen hat. Und so weiter und so fort.

Wir hatten so viele scharfe Kritik vorzubringen, daß wir zwanzig Lexikonbände damit hätten füllen können, zuzüglich der Nachtragsbände. Die Frauenbefreiungsbewegung raunte. Helden wurden zu Nullen.

Aber die haben das einfach so abrutschen lassen und haben gewartet, bis das Gewitter abgezogen war. Dabei haben sie sich die ganze Zeit gefragt, was sie wohl Neues erfinden müßten, um uns wieder zu erlangen. Denn da war es ihnen dringend.

Sie sind nicht gerade vor Ungeduld vergangen, aber sie haben sich eingerichtet. Ganz schüchtern, ganz sanft stand eines schönen Tages der Neue Mann vor der Tür, zart wie der Beaujolais Primeur. ER war jung, frisch und völlig traumatisiert vom Feminismus. Darauf, die Frucht der Vereinigung von Opfer und Henker zu sein, war er überhaupt nicht stolz. Er wollte nicht der Sohn des Unterdrückers und der Unterdrückten sein. Das ergab so eine bizarre Mischung, die ein ziemliches Wirrwarr in seinen Genen hervorrief.

Und natürlich seine Meisterdenker von der Agentur Freud, Marx & Partner, die machten ihm heftige Vorwürfe für die Fehler seiner Väter. Nervös fragte er sich, wie er das wiedergutmachen könnte.

Ganz einfach. Er mußte bloß den Kurs wechseln. Sich der anderen Seite annähern. Den Frauen nämlich. Was er dann auch tat.

Er ließ sich also die Haare wachsen, begann Halstücher und Schmuck zu tragen, trug rosa- und lilafarbene Kleidung, parfümierte sich, tuschte seine Augen und färbte die Haare mit Henna.

Mit seinen Verhaltensweisen änderte sich auch sein Wortschatz. Anstelle von »steiler Zahn« und »Schlampe«

vernahm man auf einmal bizarre Ausdrücke wie »Zärtlichkeit« oder »Betroffenheit«. Er lernte weben und Flöte spielen, begann sich biologisch zu ernähren und in Wohngemeinschaften zu hausen, wo er Ziegenkäse herstellte, den er selbst auf dem Markt verkaufte. Er sprach mit den Sternen, den Blumen und den Säuglingen. Zu seinen vorherrschenden Wertmaßstäben wurden der Frieden, das Leben, die Ökologie. Der Krieg wurde zum Feind erklärt, und darunter fiel auch der Kampf der Geschlechter.

Zur gleichen Zeit kamen wir den Weg in umgekehrter Richtung gelaufen. Wir übernahmen genau die Fehler, die wir vorher bei ihnen angeprangert hatten. Aggressivität, Gewalt, Ehrgeiz, Egoismus, auf der Karriereleiter ohne Skurpel vorwärtskommen wollen, um in dieser maskulinen Welt, die von nun an unsere werden würde, zu bestehen.

Das eine war klar: Wir wechselten die Seiten. Wir waren dazu geschaffen, uns zu treffen. Aber wir kreuzten bloß unsere Wege.

Schade. Denn uns gefiel doch unser Modell ganz gut. Sehr gut sogar. Denn zweifellos waren wir in ein Klischee verliebt, das halt so lange Bestand hatte, wie Moden eben dauern, kaum mehr als eine Saison. Ganz sanft, um keinen Preis großsprecherisch, gab er sich bescheiden, fast schüchtern. Er war nun nicht mehr Herr Alleswisser, sondern er ließ uns in Ruhe uns auf ganz neuen Gebieten etablieren (beim Sicherungen- und Reifenwechseln). Dabei hatte er auch noch den guten Geschmack, uns nicht helfen zu wollen.

Wenn er uns zum Abendessen bei Kerzenlicht einlud, zog er sich selbst die Schürze über, kochte sein Chili con carne oder Curry-Hühnchen (nach Rezepten, die er zusammen mit malvenfarbigen Bettdecken aus indischen Stoffen von zahlreichen Reisen mitbrachte), ohne daß ihm das irgendwelche Schwierigkeiten bereitete. Und selbst wenn das verliebte Tête-à-tête bei uns stattfand, beeilte er sich, gut dressiert, sobald der letzte Happen verspeist war, den Tisch abzuräumen und das Geschirr zu spülen . . .

Auch im Sex gab's einige Fortschritte, vor allen Dingen für uns, sicher. Wir mußten jetzt unsere Mindestquoten an regelmäßigen Orgasmen erreichen, vaginale *und* klitorale (die Frauenzeitschriften stellten uns ja großzügig die ganzen Statistiken bereit), um zuzugeben, daß er sich im Bett ganz gut schlug. Manche tückischen Burschen nutzten natürlich ihre neue angenommene Zerbrechlichkeit aus, um uns sexuell aufs Kreuz zu legen.

Jedenfalls, wenn's im Bett nicht lief, dann ging überhaupt nichts mehr. Man verabschiedete sich bis zum nächsten Mal. Aber auch nur vielleicht.

Feste Beziehungen waren schließlich gestorben. Getötet durch zuviel Liebe. Und wir wollten damit unter gar keinem Vorwand wieder anfangen. Uns genügten unsere Frauengruppen. Er hatte jetzt auch seine Männergruppen. Dort wurde über mysteriöse Dinge gesprochen (sicher auch noch von uns), die nun gar nichts mehr zu tun hatten – wie wir jedenfalls zu hoffen wagten – mit Bier, Männerfreundschaft oder Fußball. Außerdem haßte er jetzt Fußball. Das war noch so eine schamlose Lüge. Heute, wo *sie* überhaupt keine Scham mehr davor haben, zu zeigen, wie sie wirklich sind. Wo wären wir denn da, wenn der gute alte Neue Mann auch nur auf das unwichtigste Vorrundenspiel verzichten würde? Am Ende brach auch der ganze Männlichkeitsklimbim wieder aus ihm heraus, mit dem sich schon seine Väter umgeben hatten: dicke Autos, Zigarren, Krawatten und all das Zeug.

Altes und Neues

Manchmal kam es vor, daß er zwischen zwei Schuldbekenntnissen – alle durch uns provoziert und alle im gleichen Stil (»Ich bin jahrhundertelang ein Mistkerl gewesen, aber jetzt ist es vorbei, versprochen, ich schwöre, ich fange nie wieder damit an.«) – sagte: »Ich liebe dich.«

Und dabei kamen wir ins Träumen. Ein Leben zu zweit auf ganz neuen Grundsätzen aufbauen. Alte Gewohnheiten mit neuen austauschen. Beim Alltäglichen beginnen. Ich mache montags die Einkäufe, du erledigst dienstags das Geschirr, und mittwochs gehen wir beide getrennt aus. Treue schien uns passé (allerdings waren wir natürlich genauso sauer wie in alten Zeiten, wenn er sich auf Socken verstohlen um drei Uhr früh hereinschlich und nach dem Patchouli einer anderen roch). Okay, es gab Donnerwetter. Keiner ist vollkommen. Schon gar nicht er. Aber, durch die Liebe verblendet, waren wir doch sicher, ihn verändern zu können. Seine ungeschickte Art bewegte uns mehr, als daß sie uns entnervte: »Seine Nudeln sind matschig, na gut, aber wenigstens gibt er sich Mühe.«

So fing's an, *amour fou,* man lebt von Luft und Liebe. Ganz allmählich begann er nachlässig zu werden. Es war so rührend, wie er guten Willen zeigte, sich nützlich zu machen, so daß wir, sobald er auch nur Anstalten machte, den Finger zu rühren, wie die liebevollen Mütter, dabei ein bißchen ungeduldig, uns beeilten, ihm zu Hilfe zu kommen. Wir lachten oder schimpften, je nach Laune. Und er ließ das alles mit sich machen, da er im Grunde erleichtert war, so bemuttert zu werden.

Mit der Zeit – die Mütter drängten – bekamen wir Lust, Kinder zu kriegen. Schließlich galt es, schnell zu handeln und endlich für Nachwuchs zu sorgen, bevor wir vierzig waren. Gemeine Ungerechtigkeit, daß uns bei allem Fortschritt der Wissenschaft immer noch nur etwa zwanzig Jahre bleiben, um ein Kind in die Welt zu setzen.

Und schließlich war da im Grunde doch dieses geheime Verlangen nach dem gemütlichen Zuhause mit Pantoffeln und kleinen Lockenköpfchen, Windeln wechseln und im Garten Unkraut jäten.

Wir waren schließlich reifer geworden.

Unsere Ambitionen hatten sich gewandelt. Und die der Männer auch. Sie hatten sich die Haare geschnitten und, nur um bei der Arbeit tagsüber seriös zu wirken, die Krawatten wieder umgebunden – erstes gefährliches Anzeichen dafür, daß sie wieder in die alten schamlosen Laster zurückfallen würden.

Papa kriegt ein Kind

Wir hatten gemeinsam beschlossen, zum Fortbestand der menschlichen Rasse beizutragen.

Noch richtig in Schwung, haben wir nach dem Neuen Mann den Neuen Vater erfunden. Gleichzeitig forderten wir natürlich, daß er der Supermann bleibe, von dem wir geträumt hatten. Schließlich war das in unseren Köpfen auch nicht alles so klar.

Wir machten uns also ans Brüten. Wir beide. Denn er wollte sich ja nichts entgehen lassen, vom ersten Ultraschall, pflichtgemäß ins Familienalbum geklebt (»Tobias, ein Monat alt«), bis zum ersten Fußtritt im Mutterleib. (»Er wird ganz bestimmt zum Nationalspieler«, sagte er ekstatisch, die Hand auf unserem schwangeren Bauch.)

Er fing genau wie wir an, sich um Leibchen mit rosa Herzchen zu sorgen, und machte sich Gedanken über die Einrichtung des Kinderzimmers. (Eine kenntnisreiche Mischung aus Ikea und Prénatal.) Er begann Bücher über das Kind im Säuglingsalter auswendig zu lernen und strich brav die wichtigsten Absätze mit Leuchtstift an. Im Kapitel 27 versetzte ihn das »Versagen des Schließmuskels beim Säugling« in Angstzustände. »Woher soll ich denn wissen, ob er überhaupt einen hat?« schreckte er in schlaflosen Nächten hoch.

Manchmal überraschte man ihn, wie er einen Teddybär in den Armen wiegte, als wenn das Kind schon in der Wiege läge – David oder Johanna. Er ging sogar so weit, ein Wochenende Neffen und Nachbarskinder einzuladen, um – erschöpft, aber zufrieden mit dem Ergebnis – festzustellen, daß seine Erziehung natürlich viel liberaler sein würde. Oder jedenfalls sehr viel besser.

Je mehr unsere Schwangerschaft fortschritt, desto solidarischer fühlte er sich. Und wir erfanden für ihn die neue Bezeichnung »Nestbauer«, denn er machte ja alle Symptome unserer Schwangerschaft nach. Bei irgendwelchen Kleinigkeiten hielt er die Hand an den Bauch und erbrach sein Abendessen, zog sich zwei Tafeln Schokolade rein (wofür er einen irrsinnigen Hunger verantwortlich machte) oder kuschelte sich vollkommen erschöpft vor Müdigkeit an uns. Manche Perfektionisten gingen sogar so weit in ihrer Nachahmungskunst und nahmen zu.

Bei den Sitzungen über schmerzfreie Schwangerschaft gesellte er sich als einziger Flachbauch dazu und zog die ganze Bewunderung der Hebamme auf sich, die den Kurs praktisch für ihn alleine gab.

Zugegeben, seine ganze Fürsorglichkeit erschöpfte uns ein wenig. Es war ein bißchen viel für unser Selbstwertgefühl. Wir fühlten uns bestohlen, denn schließlich war ja nicht er die zukünftige Mutter. Aber wir trauten uns gar nicht, ihm das zu flüstern ...

Irgendwann war dann der Tag X da. Er wußte besser als wir die ersten Wehen zu erkennen, die den großen Übertritt in die Mutterschaft ankündigten. Aber die drohende Perspektive des zu erwartenden Kindes terrorisierte ihn. Eben noch so stolz, begann er sich jetzt unter Protesten zurückzuziehen.

Manche schliefen auf der Türschwelle ein, als sie ihre Frau auf die Entbindungsstation bringen sollten. Andere verabschiedeten sich zwei Stunden vor der Abfahrt zur Klinik plötzlich mit der Begründung, sie müßten auf Geschäftsreise gehen: »Ich versichere dir, Liebes, morgen bin ich wieder da. Ganz bestimmt, es soll ja erst in zwei Wochen soweit sein. Das ist dann, wenn das Baby, um ein für allemal zu zeigen, daß es nicht das macht, was man von ihm erwartet, sich zum Austritt aus dem Mutterleib entschließt.

Während der Entbindung begannen einige dann doch, auf die klassische Tour rauchend auf dem Flur hin und her zu laufen und an den Nägeln zu kauen. Andere taten allerdings genau das, was nach der bisherigen schleichenden Assimilation zu erwarten war: Sie atmeten schwer, begannen zu zählen, drückten und preßten und bissen sich auf die Lippe, als würden sie selbst das Kind gebären.

Geweint haben wir dann zusammen im Chor, Hand in Hand, den Blick auf den Kleinen gerichtet.

Die Anfänge des neuen Trios waren ganz idyllisch. Nimmt man mal den doppelten Streß aus, der von der zweifachen Mutterschaft herrührte und manche von uns an den Rand der Verzweiflung brachte: Hin und her gerissen zwischen Klein-Daniel, der nach der Mutterbrust schreit wie ein abgestochenes Schwein, und dem Neuen Vater, brandneu, der mit 40 Grad Fieber in seinem Bett zittert und jammert, klarer Fall von Papi-Blues. Damit muß man fertig werden. Als ob nichts wäre. Hin- und hereilen, um beide zu trösten, aus Angst, die Krise könnte sich verschärfen.

Aber recht schnell richteten sich die Dinge dann auf korrekte Weise ein. Der Neue Vater wechselte die Windeln, puderte die Arschbäckchen, ließ Bäuerchen machen und so fort. Dafür hatte er schließlich lange genug geübt. Er wurde unschlagbar, was die Karottensüppchen und das Schmuserchen am Abend anging, und wußte immer Bescheid über die Preise der Pampers-Packungen.

Auf diese neue Beute – der Vater als Beuteltier – hat sich das Kino mit Adlerblick gestürzt. Es genügt, »Drei Männer und ein Baby« inklusive amerikanisches Remake plus Fortsetzung zu zitieren. Natürlich stürzte sich auch die Werbung aus vollem Herzen auf das Thema. Das ging bis zu dieser unglaublichen Reklame, die in Frankreich weit verbreitet war, von einem Mann mit schwangerem Bauch.

Kurz und gut, der Neue Vater ließ sich sezieren, interviewen und heiligsprechen, denn dieser hervorragende

Säuglingsforscher hatte schließlich eine Meinung zu allem und jedem, was seinen Kleinen betraf.

Er raubte uns die Hauptrolle, und wir ließen es geschehen. Halb eifersüchtig, halb amüsiert, waren wir uns dessen bewußt, daß wir zum Wohl unserer Kinder und der Menschheit handelten. Schließlich hatten uns die Kinderärzte und entsprechende Buchautoren bis zum Exzeß wiederholt: »Ein Kind, das sowohl von der Mutter wie vom Vater aufgezogen wird, wird leistungsstärker, intelligenter, schlägt sich besser durch, hat mehr Gleichgewicht und wird glücklicher.« Hatte er auch noch einiges zu lernen, geben wir ruhig zu: Der Neue Vater hat uns doch eine ganze Menge Arbeit abgenommen. Es ist ja nun, da wird mir keiner widersprechen, wesentlich leichter, ein Kind zu zweit aufzuziehen.

Der vorübergehende Vater

Unerfreulicherweise ist der alleswissende Papi, der die gute saugfeste Windel von der schlechten unterscheiden kann, auf dem Rückmarsch, seit der Neue Vater zur alltäglichen Gewohnheit geworden ist. Langsam, aber sicher wurde das Kind größer und der Vater älter. Von seinem schönen Image entfernte er sich immer mehr. Er wurde zum Klischee, gerade noch gut genug fürs Familienalbum. »Papa führt das Baby spazieren; Papa wiegt das Baby; das Baby streichelt Papa.« Was für niedliche Bilder, die haben wir tonnenweise in den Schubladen liegen. Und da warten sie darauf, endlich eingeklebt zu werden, für immer und ewig.

Denn gestreßt unter dem Druck der Aufgabe hat der

Mann unseres Lebens schnell die Kontrolle über die Pedalen verloren – das war in seinem Interesse. »Zerbrechlich auf der einen Seite, aufopferungsvoll auf der anderen? Wir sind doch nicht verrückt, haben sie sich da gesagt. Wir sind doch nur schwache Männer. Ihr seid so wunderbar, ihr lieben Frauen; jetzt seht mal zu, wie ihr alleine zurechtkommt.«

Daß sich die Herrschaften so schnell verabschieden würden – das roch doch zwangsläufig sehr verdächtig. Aber wir hatten das nicht gleich begriffen. Wir waren noch ganz gelähmt durch die verführerischen schamlosen Komplimente: »Meine Frau ist ein ganzer Kerl« oder »Meine Frau kriegt alles geregelt.« Hätten wir etwas mehr Grips gehabt, hätten wir gleich kapiert, was sich dahinter verbarg: »Je mehr sie machen kann, je mehr sie schafft, desto mehr kann ich mich ausruhen und sie dabei noch in dieser Richtung bestärken.«

Das haben die Männer doch gut gemacht. Das war doch fair. Das haben sie prima hingekriegt. Wir haben uns einwickeln lassen. Wir hatten uns auf den Ringkampf mit Rambo eingestellt, und statt dessen flog dann Peter Pan in die Lüfte davon. Wir haben den Macho eben nicht samt der Wurzel ausgerissen.

Gleichberechtigung in der Ehe? Ach ja. Wir hatten aber recht bald doch wieder die alte Rolle. Der Neue Mann hat die neue Aufgabenverteilung auf seine Weise gelöst. Für ihn die dankbaren Aufgaben und den Rest für seinen bewunderswerten Partner, nach dem Motto: »Kümmere dich um alles, ich mach' den Rest.«

Nachdem sich die Anziehungskraft des Neuen, Unbekannten erst einmal verloren hatte, hat sich der Neue Vater beim zweiten Kind fast in Luft aufgelöst, um dann beim dritten vollends zur historischen Figur zu werden. Man versuche doch mal, den ehemaligen Neuen Vater zu wecken, wenn der jüngstgeborene Kleine nachts Zahnschmerzen hat. Er wird wohl kaum noch mit ihm »Hoppe, hoppe Reiter« spielen. Er wird sich wohl gerade noch dazu überreden lassen, die elektrische Eisenbahn hervorzuholen.

Sicher, es ist nicht das schlechteste, einen Papa zu haben, der wenigstens mit den Kleinen spielt. (Auch wenn wir mehr spielen als sie. Von wegen, gleiche Arbeit für alle. Um mal kleinlich einige Zahlen hervorzukramen: Sie widmen etwa 80 Minuten wöchentlich den lieben Schätzchen, davon 30 Minuten zum Spielen. Wir hingegen sieben volle Stunden.) Aber wir, die wir alles wollten, fallen aus allen Wolken. Klar, im Falle der höheren Gewalt schlägt sich der Neue Mann – selbst wenn er dabei murrt – ganz gut ohne uns durch. Aber im täglichen Trott ist es wirklich tödlich, ihm jedesmal *alles* vorsagen zu müssen, als ob wir der Kapitän wären auf diesem Schiff und er nur der Matrose. Das ist vielleicht gut für unser Ego, aber das frißt uns auch auf. Und der arbeitet jeden Tag ein bißchen weniger; seine Gründe, sich aus dem Staub zu machen, sind unschlagbar. Wenn es darum geht, zwei Tage am Krankenbett auszuharren, um festzustellen, ob Jessica operiert werden muß, dann nehmen wir uns natürlich frei im Büro. Nicht er.

Am Ende waren wir damit zufriedengestellt, seufzend zwar, aber im Angesicht der Tatsache, daß nur so das Desaster zu vermeiden sei. Wir haben den Neuen Mann für das, was er kann, bewundert und beklagen uns nicht darüber, was er nicht macht. So sind wir am Ende auf die uralte Ordnung der Dinge zurückgekommen wie unsere

Mütter und Großmütter. Mit ein paar kleinen Unterschieden, die allerdings kaum ins Gewicht fallen: Einige Probleme mehr werden jetzt im Gießkannenstil der achtziger Jahre verteilt, zu den Kindern sprechen wir in einer neuen Sprache, und dazu kommen noch eine Prise Schnucki-Papa und zwei, drei Pirouetten, um das Publikum auf den Rängen zu begeistern oder um ein paar alte Spießer zu schockieren. Das war alles.

Schließlich ist der Neue Typ doch nur eine sanfte Gaunerei. Ein Bluff, der sich in Schall und Rauch auflöst. Äußerlich gewandelt und im Innern ganz der alte. Im besten Fall hat er vom Neuen Mann noch die Macken behalten. Diese dauernden Wehwehchen, dieses ständige Auf-uns-angewiesen-Sein, um die zerbrochenen Stücke wieder zusammenzusuchen. Im schlimmsten Fall ist er das gewesen, was die meisten im Grunde immer gewesen sind, nämlich ein Macho. Sicherlich von der neuen sanften Tour, damit wir die Sache leichter schlucken, aber hinter den ganzen Faxen ist doch am Ende nicht viel.

Ehepaare nach wie vor

Nun stellt sich die Frage: Woran liegt dieses ganze Versagen? Haben die Männer Angst vor uns? Angst davor, endlich einmal nicht mehr unersetzlich zu sein? Sorge, wir könnten uns selbst zu helfen wissen? »Wenn die Männer erst einmal feststellen, daß die Frauen dabei sind, beide Rollen erfolgreich zu erfüllen, dann setzt das ihre sonst unbewußten Ängste frei: Vielleicht ist das schwächere Geschlecht in Wirklichkeit doch das stärkere?« (T. Berry Brazelton)

Haben die Männer Muffe, daß sie ganz von kastrierenden Frauen aufgefressen, von Hohenpriesterinnen exkommuniziert werden? »Obwohl sie die Berechtigung der emanzipatorischen Forderungen der Frauen anerkennen, empfinden es viele doch wie eine unerträgliche Bedrohung ihrer Männlichkeit.« (Elisabeth Badinter)

Ganz schön bizarr, diese Zeichen allgemeiner Auflösung, diese Flucht nach vorn im Stil »Lauf mir nach, dann fang ich dich«. Durch den Gedanken traumatisiert, ihrer sakrosankten Männlichkeit verlustig zu gehen, ziehen sie es vor, die Welt wieder so wie früher zu sehen, ohne richtig verstanden zu haben, daß wir uns darauf nun nicht noch einmal einlassen. Das nun bestimmt nicht.

Das Schlimme ist ja, daß diese Regression ungefähr drei Viertel aller Männer berührt. Also fast alle. Die Väter so wie die Junggesellen, die fürs Leben Verheirateten genau wie die Vogelfreien. Da gibt's gar keine Unterschiede. Dafür aber gewisse wiederkehrende Gesetzmäßigkeiten. »Wenn die Männer bei der Aufteilung von Rechten und Pflichten murren, dann brechen sie den Solidaritätsvertrag, auf den die Ehe gegründet ist . . . Wenn die Frauen sich eine gewisse Unabhängigkeit erlauben, dann lassen sie sich auch bald scheiden.« (Elisabeth Badinter)

Natürlich wollte die Superfrau den Neuen Mann, als er langsam zugunsten des Alten wieder verschwand, nicht mehr annehmen. Sie zog es bei weitem vor, sich aus dem Staub zu machen, als noch ein zusätzliches Kind zu bemuttern (70% der Scheidungen werden heute von Frauen gefordert/eingereicht). Denn heutzutage ist die Liebe ein gegenseitiges Geben und Nehmen: »Wenn er mich liebt, dann lieb' ich ihn auch.« Wenn's nicht klappt, trennt man sich. Die Superfrauen wissen genau, daß sie allein sich heutzutage aus der Bredouille herauswinden können. Sie kennen sich aus mit allen Schlichen und Rollenspielen. Aus dieser Perspektive sind doch die Männer am Ende nur die Drohnen der Königin, die bei Ungenügen verdammt werden. (Die Zeit ist grausam geworden, die Männer werden als Kaufobjekte beurteilt. Es kann sein, daß es vorher sogar besser war, als die Leute wenigstens wegen der Kinder zusammenblieben. Wir wissen nicht, was trauriger ist, diese Ehepaare, die sich gegenseitig hassen und langweilen und nie wirklich etwas gemeinsam gehabt haben, oder diejenigen, die sich auf den ersten Schlag trennen, ohne auch nur zu versuchen, sich zusammenzureißen.)

Aber unterschätzen wir nicht am Ende doch die Unersetzlichkeit. Wo bleibt denn dabei die Liebe? In zweitausend Jahren der Forschung auf diesem Gebiet haben wir noch nichts Neues oder Besseres gefunden. Das Leben allein ist meist schwierig, auch wenn man theoretisch weiß, wie es funktioniert. Also rudern diese Frauen am Ende doch schnell zurück auf Feld eins, um sich einen tollen Typen zu angeln. Denn man weiß wohl, was man verläßt, aber nicht, worauf man noch stößt. Wenn überhaupt. Dieses gegenseitige Unverständnis scheint ja heute an der Tagesordnung zu sein. Die Männer sind als gebrannte Kinder vorsichtig geworden. Die Frauen rufen: »Es gibt keine Männer mehr.« – »Die sind ja alle ganz quallig geworden.« – »Die lassen sich nur noch mit der Strömung treiben und schwimmen überhaupt nicht mehr. Die haben Angst vor uns.«

Die Männer antworten: »Gibt es denn überhaupt noch Frauen? Bei dieser hartnäckigen Verteidigung ihrer

Rechte haben sie ganz vergessen, daß sie auch das Recht haben, glücklich zu sein.« – »Sie wollen uns gerne kräftig und männlich, aber nicht als Machos; liebevoll sollen wir sein, aber nicht eifersüchtig, ständig für sie da und trotzdem keine Kletten; sicher und bestimmt, aber trotzdem tolerant. Das ist eine ganze Menge.« (Zitat *Elle*, Juli '86)

Ganz schön viel für einen Mann. Es ist wahr, wir stehen ihnen heute ziemlich zwiespältig gegenüber, wenn sie in hohem Maße die gesunde Politik des »Muts zur Flucht« praktizieren. Wir haben keine Lust mehr, sie hinter uns her zu schleppen. Wir wollen sie besser, intelligenter, reicher, verführerischer und auch zärtlicher, netter, liebevoller und kameradschaftlicher. So rechte Mißgeburten wie von der Kirmes: halb Supermann, halb Gummibärchen. Wir haben uns im Kopf so ein Robot-Computer-Porträt vom idealen Mann geschaffen. Ist das zu ehrgeizig? Vielleicht. Aber jetzt, wo wir wirklich zu unseren Rechten gekommen sind, warum sollen wir da nicht ehrgeizig sein? Wir schimpfen zwar vielleicht, passen uns aber den neuen Mustern an. Sie machen sich aus dem Staub.

Und so packt der Neue Mann also seine Koffer. Aber vielleicht könnte es ja doch besser gehen als nur soso là là. Vielleicht gibt es doch einige (neue) glückliche Paare . . .

III Die Reklame ist schuld, die schlechten Vorbilder in den Medien

Perfekt, zu perfekt

Wenn die unnahbare Schöne in der Werbung stolz in ihrem Rodier-Kostüm einherschreitet und die Sommerschwüle flirren läßt, verrenken sich sämtliche Männerhälse nach ihr. Sie lehnt über die Reling im Segelboot, das wunderbar weiche Haar weht im Wind des Studiogebläses, und die superlangen, extraschlanken Glimmstengel zwischen perfekt lackierten Fingernägeln fungieren als versteckte Phallussymbole. Die Frauen in den Reklamespots sind perfekt, einfach zu perfekt. Wenn da ein Männe am Ende seinen Bluejeans den Vorzug vor der Schönen mit den Katzenaugen gibt, dann ist das die Ausnahme, die die Regel bestätigt.

Nicht anders als im Kino ist's in den Modejournalen. Da sehen die Frauen nicht nur supergut aus. Nein, da wird auch noch suggeriert, daß sie Grips hätten. Eine ausländische Wirtschaftszeitung unterm Arm ist gerade gut genug. Das Top-Model ist gleichzeitig Top-Manager. Nebenbei gelingen die Nudeln selbstverständlich »al dente«, wobei man ruhig im Armani-Kostüm am Kochtopf stehen kann. Gib mir meinen täglichen Börsenindex und dazu die Vitamintabelle. Alles geht, Hauptsache, es hat mit mir zu tun. Denn das ist das Geheimnis der Frau von heute: Sie interessiert sich am Ende immer nur für sich selbst. Kinder, Kosmetik, Ehe, Einrichtung, Psychologie und Praxis. Sprecht mir von mir, denn das ist das einzige, was ich hören will. Nach den Untersuchungen, die natürlich jeder Chefredakteurin vorliegen, sind alle Frauen selbstbezogen.

Die Halbschwester der vollkommenen Reklamefrau ist die bekannte Identifikationsfigur, das personifizierte schlechte Beispiel (Jane Birkin, Jil Sander, Jane Fonda und Konsorten). Sie komplettiert die Familie der perfekten Medienfrauen. Sie sind uns im gleichen Moment so nah und doch unerreichbar, diese Quintessenzen der Superfrau, die den Feminismus völlig absorbiert und auf ihre eigene Masche getrimmt haben. Sie haben stets das perfekte Lächeln auf den Lippen und den improvisierten Kommentar auf Lager. Die ach so irdischen Probleme der menschlichen Existenz scheinen sie nicht zu tangieren. Und dabei müssen sie doch genau wie alle anderen rudern – oder doch wenigstens ein bißchen . . .

Wenn Meryl Streep mit Jack Nicholson über eine unklare Stelle im Drehbuch zu ihrem neusten Film diskutiert und dabei die schreiende Jüngste auf dem Schoß hat, während sich die beiden älteren vor ihren Füßen unter dem verstörten Blick des Au-pair-Mädchens zerfleischen, dann sieht das für uns Normalsterbliche im Prinzip immer wie das perfekte Rollenspiel aus. Im Prinzip. Auf die dümmliche Frage eines Kretins von Interviewer (»Wie machen Sie das bloß, ihr Leben als Frau und Mutter mit ihrer Schauspielerinnenkarriere zu verbinden?«) reagieren sie immer mit dem breitesten Lächeln: »Ganz einfach; es genügt, alles unter Kontrolle zu haben.« Und die brutale Wirklichkeit bricht erst wieder herein, wenn sich die Pforte des trauten Heims endgültig hinter dem Journalisten geschlossen hat und er schon zu weit weg ist, um noch die gellenden Schreie zu vernehmen, die dann wieder durch die Prachtvilla hallen ...

Sie machen auf uns hingegen, strahlend, in Schwarzweiß oder in Farbe, auf dem Titelblatt oder dem Bildschirm, von morgens bis abends in höchst ärgerlicher Weise den Eindruck, ihr Leben hätte keine Schattenseite – die Treppe zum Hof, auf der man am Abend den Mülleimer runterbringt und dabei vor sich hin jammert, man sei doch für ein anderes Leben geschaffen gewesen. Sie zeigen immer nur die Sonnenseite, den Garten, wo die Rosen blühen, deren Stacheln nie weh tun, sondern vielmehr noch als Ansporn dienen.

Und wir dummen Schafe zerplatzen vor Neid, wenn wir diese hyperperfektionierten Abziehbilder unserer selbst betrachten, die wie ein tausendfach vergrößerter Reflex das, was wir sind, darstellen oder doch das, was wir sein möchten. Und wir träumen davon, ihnen gleichzukommen oder sie sogar zu überholen. Gleichzeitig Raquel Welch und Isabelle Huppert zu sein, die Frau aus der Rodier-Reklame und Jane auf dem Cover von Vogue und gleichzeitig diejenige, die auf Seite 143 so perfekt die Aufschnittplatte für den »Abend mit Brot und Wein unter Freunden« herrichtet.

Und wie die Bekloppten hetzen wir uns ab, um diese Hyperkarikaturen unserer selbst einzuholen. Ebenso wie der Konsumdrang uns dazu treibt, den Eisschrank aus der letzten Werbung zu kaufen oder den Pulli, den das

Mannequin trägt, fühlen wir uns auch gedrängt, die neueste Gazette zu erstehen, die das Intimleben unserer Lieblingsstars enthüllt. Wir sind ebenso scharf darauf, die Supertussi aus der Produktwerbung nachzuäffen wie den Star, dessen mit Weichzeichner verklärtes Leben doch sosehr dem unseren ähneln könnte.

Wir sind einfach unverbesserlich. Wir nehmen deren großartige Erklärung wie selbstverständlich für bare Münze (»Ich glaube, daß die Familie in unserer Gesellschaft von großer Bedeutung ist, auch wenn sie einige Probleme mit sich bringt.« Meryl Streep). Wir glauben an deren Traumleben, wie sie uns mystifiziert und verzerrt vorgehalten werden durch lauter Journalisten und subjektive Zeugen, die sorgfältig alle Schattenseiten aussortieren, um nichts als die Sonnenseite zu präsentieren. Das sei es, so glauben sie nämlich, was ihre Leserinnen und Leser sehen wollen.

Die Mädchen aus der Werbung

Die Werbung ist der Feind Nummer eins, den es zu bekämpfen gilt. Durch die Werbung sind die befreiten Frauen eine Institution, ein unverletzliches Tabu geworden. »Die Frauen sind die Lokomotiven der erfinderischen Werbung geworden.« (François Cuel). Lokomotiven? Eher der Lufthansa-Expreß, würde ich sagen. So wie sie lanciert werden, bedürfte es schon eines Eisenbahnunglücks, um sie aufzuhalten. So wie diese Madame Rodier zum Beispiel, die wie eine Göttin daherschreitet, sich ihres Charmes sicher, ihrer Ausstrahlung bewußt. »Ich werde wohl ein Buch schreiben«, scheint sie zu sagen, »ich weiß bloß noch nicht worüber, damit Reich-Ranicki es auch bespricht.« – »Madame Rodier handelt. Sie zögert nicht, sondern sie entscheidet. Sie legt ein vollkommen utopisches Verhalten an den Tag in absolut prosaischen Situationen.« So schreibt wieder François Cuel. Utopisch? Na ja, vielleicht. Aber was täte man denn nicht gern, von Zeit zu Zeit, um sich ein bißchen zu amüsieren. Auf schamlose Weise William Hurt im Interconti aufreißen? Oder auf der Straße, wenn man kein Taxi findet, einfach einen Wagen anhalten, um sich zum Flughafen fahren zu lassen. »Die Rodier-Frau ist ein verkleideter Mann« (François Cuel). Ist das der wahre Machospruch? Der Ausdruck ist fast zu lasch. Dann gibt's noch die kecken und die frechen Reklamemädchen, regelrecht unverschämte und vor allem sexy Frauen. Die bringen uns wenigstens zum Lachen. Das ist gewagt. Das hat Schmiß. Sind das wirklich Superfrauen? Na, wieso sind wir dann nicht so?

Und wo bleibt der Mann bei alledem? Er ist abgetreten. Auf dem Abstellgleis. Lediglich in der Rolle des Neuen Mannes (siehe das entsprechende Kapitel) hat er seinen Auftritt. Da kriegt er als adretter Weichling jetzt die ganze Drecksarbeit des Alltagslebens aufgehalst. Spülen (mit umweltschonendem Mittel, versteht sich), Windeln wechseln (Pampers jetzt mit dem kleinen Unterschied . . .) und dergleichen. Ausgenommen natürlich die guten alten Freilufthelden aus der Zigarettenreklame. Die Ersatz-Tarzans, die nach wie vor meilenweit gehen mit Loch im Schuh, obwohl der neue Camel-Mann definitiv das Wildwasserkanu bevorzugt. Die sitzen immer noch am Prärielagerfeuer beim Kaffeekochen und stecken die Marlboro mit dem Holzscheit an. (Für Marlboro Light galoppieren die Pferde dann ohne Reiter . . .)

Aber zurück zu den Frauen. Es ist doch wahr! Sind sie nicht unwiderstehlich, diese Reklamemädchen, mit ihren Körpermaßen proportional zum Intelligenzquotienten? Sie wissen genau, wie sie sich anziehen müssen, um alle ihre Vorzüge zur Geltung zu bringen. Sie verführen mit Humor und haben immer wunderbare Kinder, gutaussehende Männer und die richtigen Jobs. Wie könnte man nicht dazu verführt sein, sich diesen neuen Heldinnen anzugleichen?

Man fühlt sich fast wieder in Mamas gute alte Kinozeiten zurückversetzt. Als die Stars einfach alle großen und kleinen Mädchen zum Träumen brachten und sich von der Verkäuferin bis zur Sekretärin einfach jede in wasserstoffblond auf Marilyn Monroe oder Brigitte Bardot trimmte. Heute sind es die Reklamespots und ihre göttlichen Diven, die die Kultfilme ersetzen. Die Stars sind jetzt Madame Rodier, die Frauen aus der Parfüm- und aus der Aperitifreklame.

Und wir, wir sind ihre bevorzugten Zielscheiben (klar, wir sind die Käuferinnen), und gleichzeitig sind wir ihre Groupies.

Ist das gefährlich für uns? Natürlich sind diese Klischees für uns gefährlich. Zumal sie immer wieder unsere hart erkämpften neuen Wertmaßstäbe unterwandern.

Die schlechten Beispiele

Eigenartig, diese Faszination, die wir für all diese Starfrauen haben. Und überhaupt nicht zwiespältig. Wir bewundern sie, schmeißen uns auf das kleinste Interview, beäugen mit kritischem und neidischem Blick ihre Kleider, ihre Körper, ihre Häuser, ihre Männer, ihre Zeitpläne und ihre Gagen. Klar, daß man sich da ärgert. Sie machen einfach alles besser als wir. Selbst dann noch, wenn sie aus Bescheidenheit oder reinster Demagogie das Gegenteil behaupten. Und außerdem sind sie einfach bekannt, anerkannt. Die Zeitschriften reißen sich um sie, sie sind immer auf den richtigen Partys, an den Plätzen, die angesagt sind. Kaum, daß da nur mal ein Härchen schief sitzt oder ein Auge gerötet ist oder vielleicht ein Lächeln etwas verkrampft wirkt, das verraten könnte, daß sie übermüdet sind oder einfach die Schnauze voll haben. Ärgerlich ist das – und zwar im höchsten Maße. Sogar ihre Fehler, ihre Schwächen, die sie problemlos zugeben. Aber sie zeigen uns den rechten Weg. Wie wahnsinnig zu arbeiten. Dafür die Knete einzustecken. Mit dem Erfolg, die soziale Anerkennung zu erlangen. Das harmonische Familienleben neben dem tumultreichen Liebesleben. Das geht natürlich wunderbar zusammen.

Wir, mißgünstig, wie wir sind, wir krepieren praktisch vor Neid und vor Ehrgeiz, es ihnen gleichtun zu wollen. Perfide und arglistig sind sie, diese schlechten Beispiele. Wir können sie in drei Kategorien unterteilen, um ihnen besser beizukommen: die »Easy-Life«-Typen, die Sparte »Marschier oder krepier« und die von der toughen Sorte.

Die »Easy-Life«-Typen

Die »Easy-Life«-Typen, das sind die Jane Birkin, Charlotte Rampling, Meryl Streep, Marie-France Pisier usw. Wirkliche Stars. Superb und glamourös. Sexsymbole, von denen die Mehrzahl aller Männer träumt, wenigstens einmal im Leben mit ihnen ausgehen zu dürfen. Die, wenn man zu ihnen sagt: »Je t'aime moi non plus« oder »Nachtportier«, darauf mit »Kinderkonfitüre« antworten und problemlos die modischen Dessous von der Leinwand gegen die abgewetzte alte Jeans in der Stadt auswechseln.

Dem lahmarschigen Interviewer antworten sie, als wenn nichts wäre, daß sie außer Gartenarbeit und Kochen auch lesen, und zwar nicht nur Comics. Und daß sie außerdem stets bereit sind, sich neuen Herausforderungen zu stellen. Diese Musterschülerinnen haben in allen Fächern gute Noten, und dann auch noch nach dem Motto »Ich habe Erfolg, ohne mich anstrengen zu müssen.« Ihnen scheint einfach alles mit einer unverschämten Leichtigkeit zu gelingen. Auf jeden Fall ist das das Image, das sie vermitteln oder vermitteln wollen.

Das Paradebeispiel: Jane Birkin. 40 Jahre alt, dabei wie 30 aussehend. 3 Kinder von 3 verschiedenen Vätern. Die Jüngste ist gerade 5, die Älteste hat sie schon zur Großmutter gemacht. Männer, und zwar nicht von der schlechtesten Sorte: von Serge Gainsbourg bis Jacques Doillon. Die quellen auch noch alle vor Liebe für sie über. Dann das Kino. Ein Film pro Jahr. Dann die Chansons: ein sehr erfolgreicher Auftritt im Pariser Bataclan. Außerdem ein entzückendes Haus, das oft in den Fotomagazinen abgebildet wird: Die hübsch englisch eingerichtete Küche, das Boudoir mit integriertem Badezimmer, wo sich Pflanzen, Familienfotos und alte Flacons vermischen. Kurz, eine herzliche und warme Atmosphäre, wo sich's gut leben läßt. Dazu kommt dann bei Jane Birkin noch die Schönheit, der Humor, die Großzügigkeit, die Zärtlichkeit und schließlich der unerwechselbare »british accent«, der bei jedem Interview durchscheint. Eine Superfrau, als wenn's nichts wäre. Einfach so, im Vorbeigehen. Sie beschwert sich nie über irgend etwas. Alles läuft bei ihr wie von selbst.

Und wir, die Leserinnen und Fans, wir bemühen uns, den Pudding genauso göttlich hinzukriegen, wie sie es wohl schafft, ihn in ebenso hübschen Porzellanschüsseln wie sie zu servieren und aus unseren Kindern ebensolche kleine Genies zu machen – ohne daß sie dabei wie kleine Affen wirken –, wie es wohl ihre Kinder sind. (Vgl. Kate, Stylistin, Charlotte, Schauspielerin – schon mit César ausgezeichnet – und bereits mit Goldener Schallplatte versehene Sängerin.)

Von der gleichen Sorte ist Meryl Streep. Als Weltstar spielt sie mit den Größten: Redford, De Niro, Nicholson usw., ohne sich ihren hübschen blonden und wohlproportionierten Kopf zu verrenken. Als Mann hat sie einen Bildhauer, den sie zu bewundern scheint, dann drei himmlische Kinder, die sie während der Dreharbeiten bei sich behält. Sie hat alles, und sie ist alles. Herzlich, strahlend, gute Mutter, gute Ehefrau ... (Man macht sich ein wenig Phantasien über die Affären, die sie mit ihren Filmpartnern haben muß, aber schließlich ist das doch fair, man ist ja nicht aus Holz und sie auch nicht; ihr Ehemann muß wohl ein Auge zudrücken, wenn er nicht riskieren will, diese kleine Perle zu verlieren.)

Im Gegensatz zu Jane Birkin erzählt sie gern einmal von ihrem Alltagsleben, wobei sie die trivialsten Aspekte darstellt, als wenn es sich um die reinsten Märchen handelte. »In Salisbury kann ich in Ruhe auf dem Markt einkaufen und spazierengehen, ohne mir über mein Aussehen Sorgen zu machen.« Und wenn sie sich mal beschwert, dann nur am Rande, um zu sagen, daß schon alles etwas kompliziert ist, aber sie es am Ende doch wohl hinkriegt ... Man kann sich sehr gut vorstellen, wie sie ihre Tage verbringt, wenn sie gerade mal nicht dreht, in ihrem kleinen Häuschen in Connecticut, in Turnschuhen und Jogging-Hosen, »das sie nur verläßt, um ihre Einkäufe im Supermarkt zu machen oder die Jüngste zur Schule zu bringen«. Und dann, einige Tage später, etwa bei der Oscar-Verleihung, wieder zu dem Star zu werden, den wir kennen. Und für solcher Art Equilibristen stellt das Feinste vom Feinen die Fähigkeit dar, den Alltag als Lebenskünstlerin zu meistern.

»Marschier oder krepier«

Das sind natürlich auch Luxusausgaben, das zweite Modell. Ulrike Wolf, Sabine Christiansen, Jil Sander oder Dagmar Bechtolf, sie sind keine Sexbomben, selbst wenn sie gemeinhin hübsch und sehr charmant sind. Sie haben vielmehr den diskreten Charme der Bourgeoisie, wirken zutraulich mit ihren kleinen Fehlern, ihren kleinen Problemen, die man so gut kennt.

Sie sind das realistische und ehrliche Modell, das schon mal seine Schwierigkeiten zugibt und trotzdem weiter voranschreitet. Koste es, was es wolle. Denn der Marsch macht doch letztendlich Spaß, auch wenn sie daran krepieren sollten. Am Ende stehen der Erfolg und die Ehre.

Aber der Weg bis dahin ist hart. Das ist die Superfrau ins Paradox getrieben.

Beispiel Sabine Christiansen. Schauen wir uns ihren vollgepfropften Terminkalender an einem beliebigen Wochentag an. Seit dem frühen Vormittag sitzt sie im

Büro: Zeitungslektüre, Recherchen, Nachrichtenüberblick. Über Mittag dann die Redaktionskonferenz. Nachmittags dann noch der Interviewtermin mit jemandem von einer großen Frauenzeitschrift. Und abends geht es dann erst richtig los: cool bleiben im gleißenden Scheinwerferlicht, wenn die Übergänge mal wieder nicht ganz so gut klappen, der aus dem Nahen Osten eingespielte Bericht auf sich warten läßt oder der Staatssekretär ausweichende Antworten gibt. Und am Wochenende hat sie dann trotz allem ein locker gelöstes Lächeln auf den Lippen, wenn sie ihren Hund an der Elbe spazierenführt und dabei für den noch kurzfristig arrangierten Fototermin mit der Illustrierten in die Kamera blinzelt. Mit ihrem Wuschelkopf, wie sie sich – auch ungeschminkt immer noch unverschämt attraktiv - lässig auf der Couch räkelt für die farbige Doppelseite, die Teetasse zu ihren Füßen und um sich herum die Wochenendausgaben der großen überregionalen Tageszeitungen verteilt, wirkt sie einfach sympathisch, irgendwo so nah, nicht mehr unantastbar wie noch gestern abend in den Tagesthemen, und doch gibt es den feinen Unterschied, der sie von allen trennt: Jeder kennt sie, jeder mag sie, sie ist einfach überall beliebt, zumindest macht es vor den Kulissen den Anschein. Und wenn sie dann über die gar nicht so belanglosen Probleme bei ihrer Arbeit spricht, dann gewinnt sie auch noch dabei.

Die körperbetonten Bekennertypen

Jetzt kommt die letzte Sorte, die sich von den anderen beiden unterscheidet, aber genauso zweifelhaft ist. Die Jane Fonda, Raquel Welsh, Sophia Loren usw.

Dieses Modell ist genauso schädlich, hat aber wenigstens die Ehrlichkeit, mit offenem Visier einherzuschreiten. Diese anerkannten Superfrauen, die auch nicht wenig stolz darauf sind, bieten ihre Glücksrezepte auf Kassetten, in Büchern, Artikeln und Kursen feil, einem treuen Publikum, das ausnahmslos aus Frauen besteht. Man kann kaum eine Zeitschrift aufschlagen – und zwar nicht etwa nur eine Frauenzeitschrift –, ohne daß sie einem entgegenblicken. Glücklich im Kreis der Familie oder im Sportcenter, wo sie von ihrem hyperaktiven Leben schwärmen, ohne daß auch nur eine der sorgfältig frisierten Haarlocken herabfällt, während sie ihre drei Basisübungen-um-die-Hüfte-schlank-zu-halten vorführen.

Der höchstärgerliche Prototyp ist Jane Fonda. Sie ist fast 50 und sieht dabei aus wie 35, hat einen Traumkörper, zwei Kinder, einen jüngeren – und wahnsinnig verknallten – Mann, den sie zudem bei seinen politischen Aktivitäten unterstützt. Außerdem hat sie eine internationale Filmkarriere im Rücken mit bereits zwei Oscars und einen Riesenerfolg mit ihrer Aerobic-Welle.

Ja, Jane ist wohl die Ausnahmefrau, nach der sich alle Tarzans dieser Welt sehnen. Darüber hinaus ist sie ehrlich, direkt, so richtig amerikanisch halt, gesund oder was? Von der Sorte: »Ich sage aller Welt, daß ich Krebs habe, aber auch daß ich mich pflege und geheilt werde.« Man nimmt ihr einfach alles ab. Aber wir, die anderen, die wir ganz sanft in die Midlife-crisis schlittern, fragen uns, wie sie das macht, wenn sie, so gut aussehend und wohlgeformt, noch in ihrem Alter vor dem Spiegel posiert. Natürlich wollen wir alle sein wie sie, und zack, das darf natürlich nicht fehlen: Schnaufend und schimpfend fügen wir all unseren Haupt- und Nebenaktivitäten auch noch dieses dämliche Aerobic hinzu.

Also, ich sag' mir: Halt, stopp! Jetzt macht mal Schluß, ihr Superfrauen, Riesenabziehbilder, macht mal halblang. Laßt uns in Frieden, rutscht uns doch den Buckel runter. Merkt ihr denn nicht, daß ihr uns mit eurer Vorbildlichkeit, mit euren 1001 Qualitäten viel mehr schadet als nutzt. Daß wir armen Sterblichen neben euch Wunderbaren doch einfach nur ganz mickrig erscheinen können. Nie werden wir euch auch nur bis zum Bauchnabel reichen. Da können wir noch so oft versuchen, uns zu überschlagen und 48 Stunden in 24 Stunden ein reiches und erfülltes Leben zu leben versuchen. Das ist einfach zu viel für uns. Wir sind weder Zehnkämpferinnen noch Zauberfeen. Auch wenn wir vor Ehrgeiz brennen.

Und außerdem, habt doch mal Mitleid. Gebt es doch endlich einmal zu, daß auch ihr von Zeit zu Zeit eure Probleme habt. Daß es auch für euch nicht immer ganz einfach ist. Daß ihr auch mal schluchzt und jammert, euch die Haare rauft und nachts schlaflos im Bett liegt. Sagt es uns endlich, damit wir auch mal Luft holen können und nicht ewig den unerträglichen Eindruck, die unüberwindbare Angst weiter mit uns herumtragen, neben euch nur wie glatte Nullen zu wirken. Gesteht doch endlich, daß ihr auch schon mal ein Element eures perfekten Lebens habt opfern müssen, um hin zu gelangen, wo ihr euch befindet. Gebt zu, daß ihr, um das zu erreichen, was ihr darstellt, auch ganz schön habt ackern müssen, schuften, rudern und daß wohl auch die eine oder andere Leiche euren Weg säumt. Nein, alles ist halt nun mal nicht ganz so einfach. Und der Erfolg weniger als alles andere. Gebt's endlich zu!

Aber wenn all diese schlechten Beispiele uns so gern ärgern und das Leben versauern, dann ist es doch im Endeffekt gar nicht mal so sehr ihre Schuld.

Die anderen, die wahren Verantwortlichen, das sind diejenigen, die uns vom ersten bis zum letzten Tag im Jahr die schlechten Beispiele zeigen. Diejenigen, die uns den Kopf vollhämmern mit Ratschlägen aller Sorten, diejenigen, die uns nie in Frieden lassen, weil wir einfach eine Goldgrube sind, ein Traumpublikum, ganz egal, aus welcher Schicht wir nun kommen – Sekretärin oder Hochschulabgängerin, Journalistin oder Hilfskraft. Ob man nun »Elle« liest oder »Cosmopolitan«, das ist doch im Grunde immer das gleiche. Man stopft uns permanent mit wohlgemeinten Ratschlägen voll und mit Rezepten für alles und jeden im Leben. Immer weiter soll es gehen, immer höher hinaus und immer besser.

Das Leben als Zeitschrift

Schuld sind also diese Frauenmagazine, die wir jeden Tag beim Friseur und beim Zahnarzt lesen, um uns zu entspannen. Die jahrein, jahraus seitenweise Ratschläge erteilen, Rezepte, Diätideen, Tips zum Sonnenbräunen vorstellen, erklären, wie man die frischen Nudeln selbst zubereitet oder sein Wohnzimmer nach der neuesten Mode umdekoriert.

Es ist doch wahr! Es gibt nichts Deprimierenderes als die endlose Lektüre dieser unserer Lieblingszeitschriften (wo man sich doch einen viel größeren Gefallen täte, wenn man diese anderthalb Stunden geliebter Freizeit, die man sich mit Müh und Not erkämpft hat, dazu benutzen würde, seinen Geist mit ein bißchen theoretischem Diskurs à la Glucksmann aufzufrischen ...). »Viva«, »Cosmo«, »Brigitte«, »Petra«, »Elle«, – es ist müßig, sich hier und jetzt über die Unterschiede zu streiten, unsere tägliche Hölle, gepflastert mit ihren nicht enden wollenden wohlgemeinten Ratschlägen für alle Lebenslagen. Am schlimmsten wird es im Frühsommer mit all diesen Diätempfehlungen, Hautpflegetips, Kuren und dem ganzen elendigen Freikörperkulturkram. Das ist dann der absolute Horror, wenn sich die Fotomodelle entblättern, uns hüllenlos ihre bronzefarbenen Körper präsentieren und unsereins gar nicht genug vor Neid erblassen kann, weil wir eh schon so käseweiß sind.

Da kann man sich dann einfach nur mit Selbstvorwürfen martern. Denn was müssen wir nicht alles gleichzeitig sein (schlank, braungebrannt, ohne Zellulitis, intelligent, kultiviert, sexy usw.), um da mithalten zu können. Und was müssen wir nicht alles haben (den neuen Super-Shaker für die Heimbar, das originalgetreu nachgebaute Sofa von Eileen Gray, das kleine Schwarze von Versace, die neuesten Hip-Turnschuhe aus Kalifornien zum Joggen im Stadtwald und natürlich das drahtlose Telefon, damit wir auch im Garten beim Sonnenbaden auf der Liege stets zu erreichen sind. Dann sind da auch noch wieder die zahllosen Interviews mit den Superfrauen. Und was brauchten wir, um nicht völlig frustriert den Kopf hängen zu lassen? Eine eiserne Willenskraft, einen höllischen IQ, ein rockefellermäßiges Portemonnaie. Außerdem natürlich noch genügend Zeit, um das alles auch auf einmal zu schaffen.

Aber was hilft's. Man liest halt alles weiter mit religiöser Inbrunst und fragt sich dann, warum das mühsam erarbeitete und erkämpfte Stadtappartement nicht mithalten kann mit der auf Glanzpapier präsentierten vollständig stilecht eingerichteten Jugenstilvilla. Und um das todschicke Salatrezept mit den exotischen Spezialitäten für das Tête-à-tête mit dem Jugendfreund anrichten zu können, müßten wir nach der Arbeit noch zwei Stunden in der Stoßzeit im Stau stehen, um den Delikatessenladen am anderen Ende der Stadt dann doch nicht mehr rechtzeitig vor Geschäftsschluß zu erreichen.

Das Schönste sind natürlich all die freundschaftlich gemeinten Ratschläge, die uns die Redakteurinnen und Journalistinnen – stets so um unser Wohlergehen besorgt – jeden Monat aufs neue erteilen: »Wo sind die richtigen Männer? Wie finden wir sie? Wie reißen wir sie auf? Wie wickeln wir sie ein und lassen sie nimmermehr gehen? Was geschieht mit den Kindern aus geschiedener Ehe? Erfolg oder Mutterschaft, muß ich mich entscheiden? Wie werde ich zur erfolgreichen Superfrau?«

Auf diese letzte, doch offenbar so entscheidende Frage schien das Magazin »Cosmopolitan« endlich die entscheidende Antwort gefunden zu haben. Es schien, wollte uns die Journalistin klarmachen, daß wir in unserem Körper über ein Superhormon verfügen, das Noradrenalin, welches uns zu dem macht, was wir einfach sein müssen, nämlich die reinsten Turbofrauen. Aber letztendlich schloß der Artikel in aller Vorsicht damit, daß das Hormon natürlich erst durch die richtige Or-ga-ni-sa-tion freigesetzt werden muß. Noradrenalin alleine hilft nicht. »Wenn die Turbofrauen es schaffen, gleichzeitig an mehreren Fronten zu kämpfen, dann wegen ihres außergewöhnlichen Organisationstalents. So haushalten sie optimal mit ihrem Kraftstoff.«

Außerdem stimulieren die kleinen Aufforderungen an sich selbst doch so schön, die reinsten Dopingsprüche: »Ich schaff's schon!« oder »Ich bin die Beste!« Ja nun, das hätten wir doch auch so gewußt. Am Ende müssen wir's doch wieder selber anpacken ...

IV Wir selbst sind schuld

Gibt es Schuldige, die ich noch nicht erwähnt habe? Die Liste ist längst nicht abgeschlossen. Wir haben schon gesehen, zu welchem Grad die Medien und die Feministinnen die Schuld an unserer Lage tragen. Aber da sind ja auch noch unsere Mütter, die die Widersprüche in uns erst hervorgebracht haben. Und dann, nicht zu vergessen, waren da auch diese ganzen Kinderspezialisten wie Dolto, Brazelton oder Pernoud und andere, die uns unter dem Vorwand, uns informieren zu wollen, lauter neue Schuldgefühle einredeten, und das nach Leibeskräften. Diese Reihe wäre nicht vollständig ohne die neuen Erfolgsmenschen, die Boss-Generation aus den Kleiderinseraten, die von ihrem Geschäft so abhängig sind wie andere von der Droge.

In dieses allgemeine Wehklagen, in dieses Konzert für Jammern und Wutschreie sollte noch eine weitere, hochverdächtige Teilnehmerin einstimmen. Stellen wir uns nicht länger dumm, leugnen nützt sowieso nichts – es wird höchste Zeit, daß wir uns selbst den Spiegel vorhalten. Dabei können wir uns an die eigene Nase fassen und feststellen – unsere schlimmste Sklavenhalterin ist die Superfrau selbst.

Leugnen ist zwecklos

Unsere Mütter sollen schuld sein? Aber sicher. Wenn sie uns nicht seit frühester Jugend ihre Angewohnheiten eingebleut hätten, die wir heute noch auswendig wissen (»Gib mir mal die Teller an!« – »Saug gefälligst Staub!« – »Mach erst mal dein Abitur!«), wären wir nie geworden, was wir sind – in mehr als einer Hinsicht. Besonders fortschrittliche Mütter haben immer darauf gedrängt, wir sollten einen Beruf erlernen, und meinten damit, Vorsorge zu treffen für den Fall, »daß du einmal ohne einen Mann dastehst«. Heute tun sie unschuldig, schließlich hätten sie nichts getan als ihre mütterliche Pflicht. Und dann bemerken sie etwas perfide, wir würden mit unseren Töchtern doch genauso verfahren und ihnen vom ersten Fläschchen an unsere Glaubenssätze der Superfrau verpassen. Wahrscheinlich wird unsere Erziehung ganz ungeahnte Folgen tragen ...

Wir haben sie gelesen und wieder gelesen, diese ganzen Bestseller über Kindererziehung (Bestseller wurden sie durch uns, weil wir sie stapelweise gekauft haben), da wir musterhafte Mütter sein wollten. Unsere kleinen Kinder würden ja nur uns als Vorbilder haben – um so mehr maßen wir jedem ihrer Atemzüge, jeder Sekunde ihrer kleinen Existenz Bedeutung bei. Kein Wunder, wenn wir da ausgeflippt sind, als wir lasen, wir hätten alles falsch gemacht. Diese Autoren erzählten uns, wir würden die kleinen Wesen zu sehr erschöpfen. Was für ein Glück, daß Mami Dolto und Papi Brazelton noch rechtzeitig zur Stelle waren, um uns zur Ordnung zu rufen: Ob wir denn nicht einmal daran dächten, wie sehr unser Nachwuchs uns bräuchte?

Diese Kinderspezialisten sind auf teuflische Weise dazu bereit, zum Wohl der Kinder die Mütter zu kastrieren. Keiner von ihnen würde offen sagen, daß wir nach Hause zurückkehren sollen. Nein – sie feuern uns sogar an: »Legen Sie ruhig los; wenn Sie ein aktiver Mensch sind, wird Ihr Kind es Ihnen nachtun.« Doch insgeheim haben sie nichts weniger vor, als die Uhr zurückzudrehen. Wir sollen an uns selbst zuletzt denken, damit wir unseren kleinen Schätzchen etwas Gutes tun. Brazelton sagt das so: »Sehen Sie häufiger mal in die Krippe oder in den Kindergarten hinein. Auf diese Weise können Sie beruhigt sein, daß das arme Kind weniger unter dem verrückten Leben leidet, das Sie führen!« Was sagt uns dieser weise Mann? Daß die Wörter »leiden« und »verrücktes Leben« uns unauslöschlich im Gedächtnis haftenbleiben. Wir wollen unsere Kinder doch auf keinen Fall unglücklich machen. Also macht uns jedes Detail der Erziehung nur noch unruhiger und angespannter. Wir wollen immer nur das Beste – aber wir laufen dabei die ganze Zeit auf Zehenspitzen.

Zumindest sind unsere teuren Mütter (die uns sowieso völlig anders erzogen haben) nie von irgendwelchen Schuldgefühlen gepeinigt worden.

Erfolg, Erfolg

Ja, wer hat denn nun etwas falsch gemacht? Hat die Gesellschaft schuld, die sich nach den Erfolgreichsten orientiert? Das stimmt sicher. Ist es der entsprechende Druck, der auf uns von frühester Jugend lastete, daß wir gefälligst eigenes Geld zu verdienen hätten? Das ist sicher auch nicht ganz unrichtig. Seit die Berufsolympiade überhaupt für Frauen geöffnet wurde, hockten wir ja ständig an jeder sich bietenden Startlinie, um auf Kommando loszusprinten. Die Beste möge gewinnen!

Um heute etwas darzustellen, sollen wir nicht nur Unternehmungsgeist und eine positive Einstellung mitbringen, wir sollen auch kreativ, leistungsstark und ehrgeizig sein. Die Wurst ist so hoch gehängt worden, daß wir eigentlich schon mit zwanzig unseren eigenen Laden haben sollen, um nicht als Versagerin zu gelten, und im folgenden Geschäftsjahr mindestens Millionenumsätze erzielen müssen, worauf wir mit der Firma an die Börse gehen, schließlich haben wir bereits einen kompletten Lebensplan, sind außerdem telegen, haben einen Berater für unser Aussehen und einen für die Öffentlichkeitsarbeit und beschäftigen dann noch einen Neger, der passend zu unserer Erfolgsgeschichte eine Autobiographie für uns abfaßt.

Kurz – Erfolg ist nicht nur angesagt, angesagt ist auch, ständig darüber zu reden. Geldverdienen und das öffentliche Gespräch darüber, das sind die beiden großen Brüste, an denen unsere Gesellschaft abwechselnd saugt.

Wenn wir also etwas geschafft bekommen wollen, hat es keinen Sinn zu kneifen. Von uns wird einiges erwartet – wir sollen tausend Ideen produzieren, Grundsatzreferate, Dossiers, Artikel und ganze Bücher verfassen, und das am laufenden Meter, und am besten laden wir uns zwei oder drei Jobs nebeneinander auf, damit alles noch ein bißchen mehr »Spaß« bringt. Wir können in die Politik gehen oder uns um Wohltätigkeitsgeschichten kümmern (so was wird sehr gern gesehen) oder selbst Vorlesungen an der Universität halten, schwerwiegende Kommentare für kritische Presseorgane schreiben, Möbel entwerfen oder Kleider, Juwelen und eventuell noch Skulpturen aus Metall oder ein eigenes Parfüm, uns der Astrologie und der Esoterik überlassen und dazu abends bei Kerzenlicht einen historischen Roman schreiben. Im Grunde sollen wir auch noch unsere Hobbys professionell betreiben, voller Leidenschaft und am besten am Computer.

Wir, wir und immer wieder wir

Gut, soviel ist klar – wir sind scharf darauf, die Besten zu sein. Aber wer *zwingt* uns eigentlich dazu? Niemand, wenn nicht wir selbst. Wessen kleine Stimme ist das denn, die uns ständig in den Ohren liegt, wir sollten es mit der ganzen Welt aufnehmen? Doch wohl keine andere Stimme als unsere eigene. Wer hat uns denn eingeredet, uns genügend Stoff für zwölf verschiedene Leben aufzuhalsen, während die gewöhnlichen Sterblichen (lies: Männer) doch mit weniger als der Hälfte längst bedient sind? Wir. Welcher Teufel reitet uns denn, daß wir in allem erfolgreich sein wollen – immer Lebensart zeigen, immer fröhlich, klug, raffiniert, stark und kämpferisch sein müssen, ständig Humor zeigen, hart an den Problemen arbeiten und uns noch gnadenlos im Geschäft durchsetzen? Das sind doch immer nur wir. Wer verlangt denn von uns, daß wir alles auf einmal sein sollen und uns nicht entscheiden können für eine von diesen vielen verschiedenen Rollen, statt sie alle auf uns zu nehmen? Wir, wir – immer wieder nur wir. Wer denn, wenn nicht wir selbst, hat uns eingeredet, wir sollten uns ständig selbst übertreffen? Wir sollten endlich einmal wie ein erwachsener Mensch dazu in der Lage sein, deutlich »halt!« zu sagen. Was hier stattfindet, ist längst nicht mehr die Ausbeutung der Frau durch den Mann, das ist die Ausbeutung der Frau durch die Frau.

Was bringt denn andere Frauen dazu, sich so abzuhetzen? Hin und her zwischen Paris und dem Haus auf dem Land, hin und her zwischen einem Ehemann, Katzen, Hunden und einem Romanprojekt wie meine Freundin Chloé, die abends auch noch große Einladungen organisiert, wo sie dann für zwanzig Leute kocht? »Ohne Streß langweile ich mich einfach«, sagt meine Freundin. Ähnliches erzählte eine andere Superfrau einer Frauenzeitschrift: »Schwierigkeiten regen mich an – das ist für mich wie eine Droge geworden.«

Und was treibt mich selbst dazu, die Autorin dieses Buchs, zweiunddreißig Jahre alt, Journalistin mit zwei Kindern, so klein, daß sie fast noch Babys sind, ständig hin und her gerissen zwischen meinem sehr aufreibenden Beruf, einem wirklich tollen (Neuen) Mann und häuslichen Sorgen, mich nun jeden Abend hinter meinen Apple MacIntosh zu klemmen, um Seiten und Seiten und Seiten zu schreiben? Warum stehle ich mir noch die letzten Augenblicke meiner Freizeit, um abends immer noch bis zum Geht-nicht-mehr weiterzuarbeiten? Ist es die schiere Herausforderung? Das auch. Aber es gibt sicher noch tausend andere Gründe.

Für Tausende von anderen Frauen ist Adrenalin ebenfalls zu einer Droge geworden. So bekämpfen sie jeden Tag die Angst vor der inneren Leere und setzen sich Belastungen aus, um zu spüren, daß sie wirklich am Leben sind. Wir sind besessene Perfektionistinnen, narzißtisch und eitel, ständig unzufrieden und ständig hungrig, die alle Schwächen dieser Zeit auf sich vereinen, untrennbar verbunden mit den Eigenschaften, die unsere Stärke ausmachen. Das sind dann wieder genau jene Qualitäten, deretwegen wir überhaupt vorankommen.

Laßt hundert Narzissen blühen

Es stimmt schon – unser Gefängnis hat neue Gitterstäbe bekommen. Gestern waren wir noch an die Männer und an jahrhundertealte Vorurteile gefesselt. Der Kampf dagegen war ein Kampf für gerechte und greifbare Ziele. Heute sind wir selbst das Problem. Unter diesen Bedingungen wäre es schwierig, den ersten Stein zu werfen. Wir würden uns ja selbst treffen – und wir stehen nicht auf Masochismus. Wir haben uns unserem eigenen Narzißmus ergeben. Wir wollen vor der Welt etwas darstellen und legen uns die Latte deshalb immer höher, um uns selbst und unsere Freunde zu beeindrucken.

Welche von uns hat nicht schon einmal der Eitelkeit nachgegeben, sich vor den Spiegel gestellt und einen kleinen Vortrag gehalten? Sicher ist Eitelkeit eine Sünde, aber eine gebeichtete Sünde ist schon so gut wie vergeben (und ist der Stolz nicht die geringste der Todsünden?). »Ich bringe es garantiert zur Abteilungsleiterin, wenn jetzt wieder Zulagen und Beförderungen verteilt werden, meine Tochter Martha ist die Beste in ihrer Klasse, und Anselm schauen die anderen Mütter beim Spazierengehen bewundernd an. Mein Mann ist ein Goldstück, und meine Wohnung sieht aus wie eine Fotoreportage aus einem Sonderheft von ›Schöner Wohnen‹. Wenn ich was zu erzählen habe, sind alle immer ganz begeistert, und meine Flugente mit Äpfeln ist überhaupt die beste in Paris. Außerdem sehe ich heute abend besonders hübsch aus.«

Selbst der Neid beflügelt uns noch. Wir haben ja nicht nur Fans. Viele Männer haben Angst vor uns und verabscheuen uns deswegen: »Die Frau ist doch eine Maschine. Die hat doch nichts mehr von einer echten Frau.« Oder: »Im Grunde ist die ganz schön hysterisch.« Das schadet uns gar nichts. Solche miesen Angriffe treiben uns eher noch mehr an, weil sie uns einen weiteren Grund liefern, zu zeigen, was in uns steckt. Es gibt auch bestimmte Hausfrauen, die uns unerträglich finden: »Die ist doch nur arrogant.« Oder: »Aber sag mal, ist die denn im Grunde glücklich?« So was stachelt uns dann erst recht an.

Wir sind wie besessen

Sind wir zu perfektionistisch? Aber ganz bestimmt. Perfektion ist für uns zu einem Zwang geworden. Wir kommen überhaupt nicht mehr zur Ruhe. Welcher unter uns ist es nicht schon so gegangen, daß sie heimlich die anderen, die ihr Arbeit »abnehmen« sollen, auch noch kontrolliert hat? Und dem Vater hinterhergegangen ist und nachgeschaut hat, ob er die Kinder auch wirklich trockengelegt und ihnen die Nägel ordentlich geschnitten und die Knöpfe richtig zugemacht hat? Ob die Kinder nicht die falschen Sachen anhaben? Kein Wunder, wenn der Neue Mann dann gutwillig, aber eben doch unbeholfen es vorzieht, sich im Fernsehen Fußball anzuschauen.

Welche von uns hat denn nicht denen hinterhergeschaut, die uns im Haushalt helfen, ob die Möbel korrekt abgestaubt sind, die Küche auch in den Ecken richtig sauber ist. Mit all dem, was wir uns da noch überall aufladen, tun wir niemandem einen Gefallen, am wenigsten uns selbst.

In der Tat sind wir wie besessen, die unwichtigsten Details, die banalsten Geschichten zu regeln, obwohl es viel schlauer wäre, Ballast abzuwerfen. Wenn der Anselm nun keine sauberen Ohren hat oder die Kinder ihr Gemüse nicht gegessen haben oder nicht mit dem Staubsauger durchs Wohnzimmer gesaugt wurde, tja, wo liegt dann eigentlich das Problem? Bei uns im Kopf doch nur. Die ganze Welt außer uns lebt sehr gut damit.

Sicher, die Perfektion gibt es in allen möglichen Geschichten. Aber die Wurst wird immer etwas höher gehängt. Wir kommen dort nie an. Glücklicherweise, sonst wären wir auch wirklich völlig unerträglich. Denn wir sind es schon genug. Das Trauerspiel ist ja, daß wir diesem Superbild, diesem perfekten Image von uns selber mit einer Kraft hinterherlaufen, daß wir uns selbst leicht darüber verlieren können.

Und immer weiter

Warum haben wir uns denn nicht was anderes aussuchen können? Immerhin treffen die Männer schließlich auch eine Wahl. Politiker und Geschäftsleute opfern für die Karriere Frau und Kinder. Die Softie-Hausmänner setzen die Familie zuoberst an. Und die sportlichen Typen ziehen drei Stunden Tennis ihrem Aktenberg vor. Die Don

Giovannis wollen sich nie binden. Nur wir, wenn wir auf irgendeinem Gebiet nicht mitmachen, dann fühlen wir uns sofort auf nicht wiedergutzumachende Weise frustriert.

Aber nein, wir wollten alles. Wir haben uns alles gewünscht, uns alles genommen und vielleicht auch alles bekommen. Wir haben uns vollgefressen wie die Freßsüchtigen, die wir geworden sind. Und der Erfolg ist nun: Befriedigung scheint es in unserer Welt nicht zu geben. Sind wir wunderbar verliebt? Dann brauchen wir ein Kind. Haben wir ein Kind? Dann brauchen wir zwei, dann drei oder vier. Haben wir einen Ehemann? Dann brauchen wir wieder einen Geliebten. Haben wir einen guten Job? Dann brauchen wir einen besseren. Haben wir den vollständigen Erfolg? Dann wollen wir endlich glücklich werden. Alles auf einmal? Das funktioniert eben nicht. Zum Teufel mit den Superfrauen ...

Schluß

Uns einfach mal zur Abwechslung locker nehmen?

»Man kann nicht einfach nur ein bißchen schwanger sein. Entweder eine Frau ist schwanger, oder sie ist es nicht. Genauso ist es mit der Arbeit. Entweder wir arbeiten. Oder wir arbeiten nicht. Da gibt es keine halben Sachen.«

Denise Fayolle: *Femme manager, specimen d'avenir, F. Lautrédou,* Carrère-Michel Lafon, 1987.

Beruhigen Sie sich. Es wird nicht besser, eher im Gegenteil. Wenn wir einmal in die Jahre kommen, hoffen wir doch, wenn die Kinder dann groß sind, daß wir endlich ein bißchen Ordnung in unser Leben kriegen können. Endlich auch einmal die einfachen Dinge in Ruhe genießen, ohne daß gleich alles übereinanderstürzt. Ohne Geschwindigkeitsrekord. Einfach nur fahren. Aber das ist ein Irrtum. Denn wir sind mittlerweile völlig festgelegt auf die Aufregung, den Streß, das sisyphusartige Gegen-die-Wand-Anrennen.

Das Gießkannenprinzip

Alle Leute bieten natürlich alle möglichen Lösungen an. Wir könnten ja mal eine der Spielregeln, vielleicht die simpelste, die dümmste, einfach außer Kraft setzen. Nämlich daß wir arbeiten müssen. Dafür brauchen wir bloß einen reichen Scheich, der uns aushalten will. Aber davon gibt's auch immer weniger. Tja, wünschen wir uns denn wirklich, wieder am Herd zu stehen? Die Zeit um zwanzig Jahre zurückzuschreiben? Wir haben doch wirklich zu hart gerudert, um da zu sein, wo wir sind.

Vielleicht sollten wir eine Frauenlobby gründen, die bereit ist, die Macht zu übernehmen. Damit der Staat und die Arbeitgeber sich ein bißchen mehr kümmern um die, die schließlich die Hälfte der Bevölkerung stellen. In den Vereinigten Staaten beginnen sich die weiblichen Unternehmenschefs gerade mal zu organisieren und drohen selbst damit, ein Geschäft zurückzuziehen, wenn man nicht auf sie eingeht. Sie fordern, wie wir das auch schon gefordert haben, gleitende Arbeitszeiten. Da gibt's ja die ganzen Sozialgesetze nicht. Mutterschaftsurlaub, Heimarbeit, Teilzeitarbeit, unternehmenseigene Kindergärten. Das hört sich doch alles sehr sympathisch an. Aber würde das auch funktionieren? Das bezweifle ich doch sehr. Das bedeutet doch, die Arbeit mit dem Gießkannenprinzip zu verteilen. Ein mittelständisches Unternehmen kann ich schließlich nicht mit einer Teilzeitstelle führen. Das kriegt man nicht so nebenbei zwischen zehn Uhr vormittags und Mittag geregelt. Wir müssen uns ein für allemal entscheiden, was wir eigentlich wollen.

Die Antwortstrategie

Vielleicht sollten wir uns auch mal was Neues überlegen? Womöglich müssen wir uns selbst ändern?

Und wie, bitte schön? Sollen wir wieder zu den kleinen dummen Mäuschen werden? Die alten Lastesel aufs neue markieren? Das will mir doch ein wenig schwierig erscheinen.

Vielleicht sollten wir uns einfach mal völlig komplexfrei gehenlassen. Mit dicken weichen Hintern, aufgelöster Frisur, die Beine voller Haare (wer beschreibt eigentlich mal, wie die Frau in aller Eile versucht, sich die Beine zu rasieren, mit den besten Absichten anfängt, und zwar mit Wachs, so einige Tage vor dem Urlaub, dann aber schließlich mit dem Rasierer des Ehemanns unter der Dusche endet, weil ihr einfach die Zeit fehlt?). Das wäre ja wohl der völlige Horror. Also sich mal ab und zu gehenlassen, das ist ja sicherlich ganz schön. Aber doch bitte nicht die ganze Zeit. Auf gar keinen Fall. Kommt gar nicht in die Tüte.

Tja, sollen wir aufhören, uns auf dem laufenden zu halten und ständig neue Projekte anzuleiern? Das ist doch vollkommen unmöglich. Sollen wir vielleicht einfach aufhören, Zeitung zu lesen? Wir sind doch schon völlig an die ganzen Informationen gewöhnt. Wir können doch keine Woche mehr durchstehen, ohne uns zu informieren. Der Dollarkurs. Was die Regierung wieder mal zum Terrorismus bekanntgegeben hat. Oder die neuesten Erkenntnisse über Aids. Und wenn wir uns dann mal enthalten, endet es doch immer damit, daß wir anschließend doppelt soviel nachholen.

Tja, sollen wir alleine leben, um all die Anstrengungen, die ewigen Querelen, den Zank zu vermeiden? Lustige Vorstellung, abends allein vor der Glotze zu hängen und niemanden mehr anmotzen zu können, weil er wieder mit dem Programmregler spielt. Oder weil es noch nichts zu essen gibt. Aber am Ende wiegt die Einsamkeit doch verflucht schwer.

Alles das kommt ja überhaupt nicht in Frage. Wir werden doch niemals in der Lage sein, auch nur einen Teil von dem abzugeben, worauf wir verzichten müßten, um uns auch nur ein wenig zu beruhigen. Sicher, wir könnten ein wenig entspannter sein. Ein bißchen weniger auf Perfektion aus sein. Ein bißchen weniger verrückt sein. Ein bißchen weniger eßsüchtig. Aber eigentlich ist es doch schon viel zu spät für uns.

Was bleibt uns denn? Ja, wir sollten uns für unsere Töchter und unsere Enkelinnen schlagen. Sie heute schon verantwortungsbewußt aufziehen. Ihnen beibringen, wie sie im Dschungel überleben. Ihnen die besten Waffen dafür in die Hand geben. Ihnen erklären, daß eine Superfrau nicht auf Rosen gebettet ist. Und daß sie, wenn sie unbedingt dem Beispiel ihrer Mutter folgen wollen, kämpfen müssen und niemals nachlassen.

Tja, wir werden sicherlich, soviel ist gewiß, eines Tages Supergroßmütter sein, die mit ihrem Supergebiß hervornuscheln: »Als ich damals noch dreißig Männer unter meinem Befehl hatte . . .« Leider sind ja unsere kleinen Prinzessinnen viel schärfer darauf, die Männer bei Fuß statt unter dem Stiefel zu haben. Sie sind verliebt, begabt, bereit zu allen Verrücktheiten wie in den guten alten Zeiten, die wir nie gekannt haben.

Die wenigsten werden sich mal ganz locker treiben lassen können, es ruhiger angehen lassen.

Und wenn sie dann mal Töchter haben, werden die entrüstet über ihre sich gehenlassenden Mütter ganz schön Zoff machen . . .

Natalie Shainess

Keine Lust zu leiden
Der Ausweg aus dem Teufelskreis
weiblicher Lebensängste

312 Seiten, Broschur

Niemand wird bestreiten, daß der Hang zur Unterwerfung, die Bereitschaft, Ungemach auf sich zu nehmen, eine unter Frauen auffallend verbreitete Verhaltensweise ist. Noch immer wird in manchen Kreisen die Meinung vertreten, Frauen wollten das Leiden, ja sie suchten es nachgerade. Mit dieser Ansicht räumt Natalie Shainess radikal auf. Masochistische Neigungen sind für sie gesellschaftlich bedingt und resultieren aus mangelndem Selbstwertgefühl und der Unfähigkeit, die eigenen Möglichkeiten richtig einzuschätzen. Shainess untersucht die Rolle von Eltern, Schule und Gesellschaft, welche das kleine Mädchen früh zur Hilflosigkeit erziehen.
Die Autorin motiviert die Leserin, ihr Schicksal in die Hand zu nehmen und zu einem erfüllten Leben zu finden.

Erhältlich bei Ihrem Buchhändler.

SV international
SCHWEIZER VERLAGSHAUS

Ruedi Leuthold

Das schwächste Glied der Kette
Frauen zwischen Koka und Kokain

184 Seiten, Broschur

Ruedi Leuthold zeigt am Beispiel südamerikanischer Drogenschmugglerinnen, die in unseren Gefängnissen sitzen, die Kälte, die sich durch alle Bereiche unserer Gesellschaft zieht. Er rückt ein exotisch scheinendes Thema in unsere unmittelbare Nähe und zeigt, daß die Probleme der Dritten Welt unlösbar mit unseren eigenen verknüpft sind.

Erhältlich bei Ihrem Buchhändler.

SV international
SCHWEIZER VERLAGSHAUS

FARLEY MOWAT

DAS ENDE DER FÄHRTE

Format 16,5×24 cm
440 Seiten
31 Farbabbildungen

Tief im Regenwald, im Grenzland zwischen Ruanda und Zaire, lebt eine letzte Schar der seltensten Tiere der Erde: afrikanische Berggorillas. Ihrer Erforschung und Erhaltung widmete Dian Fossey ihr Leben. Diese Biographie spiegelt das Bild einer außergewöhnlichen Frau, deren Kampf für eine gefährdete Tierart zur Entfremdung von den Menschen und schließlich zu ihrem gewaltsamen Tod führte.

Erhältlich bei Ihrem Buchhändler

SV international
SCHWEIZER VERLAGSHAUS